O AMOR É A CURA

ELTON JOHN

O AMOR É A CURA

SOBRE VIDA,
PERDAS E O
FIM DA AIDS

TRADUÇÃO
ANNA LIM E LANA LIM

Amarilys

Título original em inglês: *Love is the Cure: on life, loss, and the end of Aids*
Copyright © 2012 by The Elton John Aids Foundation
Depoimento da quarta capa © 2012 by William Jefferson Clinton
"Don't Give Up" (página 56), letra e música de Peter Gabriel © 1986, reproduzida com permissão da EMI Music Publishing Ltd. / Real World Music Ltd., London W8 5SW.

Amarilys é um selo editorial Manole.

Este livro contempla as regras do Acordo Ortográfico da Língua Portuguesa de 1990, que entrou em vigor no Brasil em 2009.

Editor-gestor Walter Luiz Coutinho
Editor Enrico Giglio
Produção editorial Luiz Pereira, Marcia Men e Katharina Cotrim
Adaptação da capa Depto. de arte da Editora Manole
Projeto gráfico e editoração eletrônica Estúdio Asterisco

Dados Internacionais de Catalogação na Publicação (CIP)
(Câmara Brasileira do Livro, SP, Brasil)

John, Elton
   O amor é a cura : sobre vida, perdas e o fim da Aids / Elton John. -- 1. ed. -- Barueri, SP : Amarilys, 2013.

   Título original: Love is the cure : on life, loss, and the end of Aids
   ISBN 978-85-204-3713-1

   1. AIDS (Doença) - Obras de divulgação 2. AIDS (Doença) - Pacientes 3. Aids (Doença) - Prevenção 4. Assistência social 5. Elton John AIDS Foundation (EJAF) 6. HIV (Vírus) 7. John, Elton 8. Políticas públicas I. Título.

13-06823   CDD-362.1969792

   Índices para catálogo sistemático:

   1. Elton John Aids Foundation : Apoio a programas de prevenção e atendimento a pacientes de HIV/Aids : Bem-estar social 362.1969792

Todos os direitos reservados.
Nenhuma parte deste livro poderá ser reproduzida, por qualquer processo, sem a permissão expressa dos editores.
É proibida a reprodução por fotocópia.

A Editora Manole é filiada à ABDR – Associação Brasileira de Direitos Reprográficos.

1ª edição brasileira – 2013

Editora Manole Ltda.
Av. Ceci, 672 – Tamboré
06460-120 – Barueri – SP – Brasil
Tel. (11) 4196-6000 – Fax (11) 4196-6021
www.manole.com.br | www.amarilyseditora.com.br
info@amarilyseditora.com.br

Impresso no Brasil | *Printed in Brazil*

*Em memória de Robert Key,
um amigo querido e defensor incansável
daqueles que vivem com HIV/Aids em todo o mundo*

Sumário

1 Ryan *9*

2 Uma década de perdas *31*

3 Começar de novo *55*

4 Dando a partida *67*

5 Uma crise de indiferença *87*

6 Confrontando a realidade *101*

7 O cerne da questão *123*

8 Um grande poder *145*

9 Uma grande responsabilidade *175*

10 Acabando com a Aids para sempre *199*

Agradecimentos *211*

Notas *215*

Índice remissivo *223*

Sobre o autor *233*

1
Ryan

Venho pensando sobre este livro já há algum tempo, mas nunca me ocorria por onde começar.

Suponho que poderia começar com estatísticas, números, tabelas e fatos que pintem o quadro perfeito do horror que é a epidemia global de Aids: mais de 25 milhões de vidas perdidas em trinta anos, 34 milhões de pessoas com HIV/Aids em todo o mundo, 1,8 milhões de mortes por ano, quase 5 mil a cada dia, a sexta maior causa de morte no mundo.

Mas sempre achei impossível compreender essas estatísticas. A tragédia é tão imensa, os números tão enormes, simplesmente não há como entender tudo.

Deixemos os números para mais tarde. Em vez disso, vamos começar com uma história.

Afinal, não sou estatístico; sou músico. Ganho a vida contando histórias por meio de canções. A maneira como as pessoas se conectam com minha música me dá uma alegria incrível. E é isso que espero fazer com este livro – contar histórias que conectem as pessoas ao problema desta epidemia, a fim de que possamos trabalhar juntos para acabar com ele.

A primeira história que gostaria de lhes contar é impressionante. Para entender a epidemia de Aids, para entender o meu empenho em acabar com ela, vocês precisam conhecer Ryan White. Tudo começou com meu amigo Ryan.

Ryan veio ao mundo com uma rara e terrível doença genética, a hemofilia, que impede a coagulação do sangue e causa hemorragias incontroláveis. A hemofilia é hoje uma doença controlável, mas no começo da década de 1970, quando Ryan nasceu, era uma doença perigosa e frequentemente fatal. Quando bebê, e depois quando criança, Ryan vivia indo parar no hospital.

E então, como se sua vida já não fosse difícil o bastante, o pobre garoto contraiu HIV, o vírus que causa a Aids, através de um tratamento para hemofilia. Aos treze anos, Ryan recebeu dos médicos um prognóstico sombrio: menos de seis meses de vida. Ele aguentou por mais de cinco anos. E nesse curto espaço de tempo, Ryan conseguiu fazer o que a maioria nem em mil vidas sonha alcançar. Ele inspirou uma nação, mudou o curso de uma epidemia mortal e ajudou a salvar milhões de vidas. Imaginem uma criança fazendo tudo isso, um garoto doente de uma cidadezinha no meio dos Estados Unidos. Soa como um roteiro de cinema, uma história para dormir, um milagre. E foi um milagre. A vida de Ryan foi um absoluto milagre.

Acho que foi em 1985 que ouvi falar de Ryan pela primeira vez. Eu estava em um consultório médico em Nova York. Não lembro por quê. Peguei uma revista de uma pilha na sala de espera. Folheava distraidamente as páginas, quando passei por um artigo que mudaria minha vida. Eu não conseguia acreditar no que estava lendo, que um menino estava afastado da escola e sua família isolada e atormentada porque ele tinha Aids.

Ryan vivia com a mãe, Jeanne, e a irmã mais nova, Andrea, na pequena cidade de Kokomo, Indiana. Jeanne trabalhava na montadora local da General Motors havia 23 anos. Os White eram uma típica família proletária, como a minha quando eu era criança, o que deve explicar por que senti uma conexão instantânea com eles quando finalmente nos conhecemos.

Em 1984, por volta da época do Natal, Ryan estava particularmente mal, com uma forma rara de pneumonia. Mas os testes no hospital revelaram um diagnóstico ainda pior: ele tinha Aids em estado avançado. A pneumonia era uma infecção oportunista atacando seu sistema imunológico muito enfraquecido.

Descobriu-se que Ryan havia contraído HIV de um tratamento para hemofilia chamado fator VIII, um agente coagulante derivado de sangue doado. Uma única dose de fator VIII poderia conter plasma de milhares de pessoas, e algumas delas tinham HIV. Como o vírus HIV em si não havia sido identificado até meados dos anos 1980, não havia meio de detectar a doença. Foi assim que o fator VIII contaminado com HIV foi administrado a pacientes nos Estados Unidos e em todo o mundo no começo dos anos 1980, incluindo Ryan. Milhares de hemofílicos se tornaram soropositivos desta maneira, antes que o governo e as empresas farmacêuticas instituíssem medidas para testar e descontaminar o fator VIII.

Jeanne esperou até depois do Natal para contar a Ryan que ele tinha Aids. Quando descobriu, Ryan sabia exatamente o que isso significava: que ele iria morrer.

Todos conheciam a Aids em 1984, especialmente hemofílicos. Embora fosse ainda uma doença muito nova e assustadora, a comunidade médica já havia descoberto o básico. Eles haviam identificado o vírus HIV naquele ano, e sabiam que ele era disseminado apenas por relações sexuais ou exposição direta a sangue contaminado. Mais especificamente, eles sabiam que o vírus não era transmitido por contato casual, como compartilhar bebedouros ou assentos de privada, beber do mesmo copo, comer com os mesmos talheres, ou até beijar. Simplesmente não havia risco de infecção em estar perto de alguém com Aids.

Mas havia medo. Havia tanto medo. Estava em toda parte, um fantasma que seguiu cada movimento de Ryan e o assombrou por toda a vida.

Quando Ryan descobriu sua condição, e que poderia não ter muito tempo de vida, ele tomou uma decisão extraordinária: viver o resto de seus dias, quantos fossem, da maneira mais normal que ele pudesse. Ele queria ir à escola, brincar com seus amigos e passar tempo com sua mãe, Andrea e seus avós. Ele queria apenas ser como qualquer criança, mesmo que sua doença significasse que ele não era uma criança qualquer. Quando soube de seu prognóstico, Ryan pediu a Jeanne que fingisse que ele não tinha Aids. Ele não queria tratamento especial; tudo que ele queria era um senso, ainda que breve, de normalidade.

Mas este não seria seu destino. Ryan nunca pôde viver uma vida normal, quanto mais ter uma morte normal. Logo após o diagnóstico, um jornal local descobriu que Ryan tinha Aids. Publicaram uma matéria sobre isso, e logo a cidade inteira – e depois toda a nação – sabia de sua doença. Depois disso, tudo mudou para Ryan e sua família. Quando era uma criança com hemofilia, Ryan havia sido tratado com compaixão. Agora que era uma criança com Aids, muitos o trataram com desprezo.

Ryan perdeu a maior parte da sétima série por conta daquele episódio de pneumonia. Ele estava fraco demais para voltar à escola naquele ano, na primavera de 1985. Quando chegou o verão, porém, ele já estava muito melhor. Até trabalhava entregando jornais. Estava ansioso para voltar às aulas, brincar com seus amigos, ter uma vida aparentemente normal. Mas no final de julho, um mês antes do início do novo ano escolar, o superintendente do distrito escolar de Ryan anunciou que ele não poderia ir às aulas pessoalmente, dado o temor generalizado de que ele pudesse oferecer risco à saúde de seus colegas de escola – de que por estar perto deles, ele pudesse de alguma maneira infectá-los. Foi decidido que Ryan teria aulas por telefone.

O medo, suponho, era compreensível. A Aids era uma doença fatal na época, sem exceção. Mas sabia-se bem que Ryan não poderia transmitir o vírus a outras pessoas só por estar perto delas. Afinal, Jeanne e Andrea viviam com Ryan. Elas bebiam nos mesmos copos, comiam nos mesmos pratos que ele, abraçavam-no e o beijavam. Elas estavam com ele constantemente, em especial quando estava mais doente. Ainda assim, sua proximidade íntima com Ryan não fez com que contraíssem HIV. Além disso, os Centros de Controle e Prevenção de Doenças dos EUA (CDC, na sigla em inglês) e o Conselho Estadual de Saúde de Indiana garantiram ao distrito escolar que Ryan não constituía ameaça aos professores, alunos ou funcionários, e ofereceram orientações para que ele voltasse às aulas com segurança.

A lógica e a ciência não foram capazes de conter o medo, contudo. Ryan foi efetivamente posto em quarentena. Mas ele não era do tipo que desistia; ele nunca, nunca desistia. Não poder ir à escola era inaceitável. E ele decidiu lutar para voltar.

Ryan e Jeanne processaram a escola. Eles tinham a comunidade médica nacional e o Conselho Estadual de Saúde do lado deles. Mas o juiz indeferiu o processo de Ryan. Ele disse que os advogados do garoto teriam primeiro de recorrer da decisão do superintendente da escola com o Departamento de Educação de Indiana. Os dias de Ryan já estavam contados, e aqui estava uma decisão técnica que adiaria ainda mais sua volta às aulas. Enquanto isso, uma conexão telefônica especial foi montada, e Ryan ligava para a escola todos os dias.

O processo de recurso que se seguiu foi longo, sórdido e público, com Ryan, agora com catorze anos, no centro de tudo. O conselho de educação local e muitos pais de colegas de Ryan opunham-se veementemente à presença dele na escola. Mais de cem pais ameaçaram abrir um processo se Ryan tivesse permissão de voltar. No final de novembro, o Departamento de Educação de Indiana deu um parecer favorável a Ryan e ordenou que a escola lhe abrisse as portas, exceto quando ele estivesse muito doente. O conselho escolar local recorreu, prolongando a ausência de Ryan na sala de aula. Meses mais tarde, um conselho estadual novamente decidiu que Ryan deveria ter permissão de ir às aulas com a aprovação de um oficial de saúde municipal.

Após mais da metade do ano letivo ter passado, Ryan teve permissão oficial para voltar às aulas em 21 de fevereiro de 1986. A emoção da vitória, contudo, não durou muito. Em seu primeiro dia de volta, ele foi retirado da classe e levado ao tribunal. Um grupo de pais havia entrado com uma liminar para impedir seu retorno, e o juiz emitiu um mandado de segurança contra ele. Quando o juiz pronunciou o veredito, a sala lotada de pais começou a comemorar, enquanto Ryan e Jeanne observavam, chocados e assustados. Parecia uma caça às bruxas moderna, onde Ryan seria queimado numa fogueira.

Os advogados de Ryan contestaram o mandado de segurança, e ele *novamente* ganhou o direito de voltar à escola. Desta vez a decisão era final. Em 10 de abril de 1986, com hordas de jornalistas atrás dele e alguns alunos protestando nas proximidades, Ryan voltou às aulas. Ele não podia participar das aulas de educação física, e precisava usar um banheiro e bebedouro separados, além de talheres descartáveis no refeitório. Essas eram precauções desnecessárias, mas Ryan concordou com elas para amenizar os medos sobre sua doença malcompreendida. Mesmo assim, 27 crianças foram retiradas da escola naquele dia. Duas semanas mais tarde, alguns pais abriram uma escola alternativa, e 21 dos colegas de Ryan foram matriculados nela para não terem de estar no mesmo edifício que ele todos os dias.

Na escola, e em quase todo lugar aonde ele fosse em sua cidade, Ryan era atormentado e provocado. Chamavam-no de "bicha" e outras obscenidades homofóbicas em público. Seu armário na escola e seus pertences foram vandalizados, e espalharam boatos horríveis sobre ele. Um adolescente anônimo escreveu uma carta ao jornal local acusando Ryan de ter ameaçado morder e arranhar outras crianças, cuspido na comida em uma mercearia, e até de ter urinado nas paredes do banheiro. Eram mentiras, claro, mas não importava. Ter Aids tornava Ryan uma aberração, e independentemente do que ele fizesse ou não, ele era considerado como tal.

É quase inacreditável, mas adultos o tratavam ainda pior que as crianças. As pessoas que recebiam o jornal entregue por Ryan cancelaram suas assinaturas. Quando ele e sua família saíam para comer, os restaurantes locais jogavam fora os pratos que eles haviam usado. Os pais da namorada de Ryan a proibiram de vê-lo. Em certo ponto da batalha judicial dos White com o distrito escolar, um grupo de pais exigiu que o município declarasse Jeanne uma guardiã incapaz, para que Ryan fosse tirado dela e, assim, retirado da escola.

Não foi apenas Ryan quem sofreu mau tratamento e ostracismo – sua família inteira foi vítima. Os pneus do carro de Jeanne foram retalhados. Uma bala atravessou a janela da casa da família White. Os demais familiares de Ryan também foram assediados, e até pessoas sem parentesco que defendiam Ryan sofreram abuso. Quando o jornal local apoiou o direito de Ryan de ir à escola, ovos foram atirados na casa do editor-chefe. Um repórter do jornal recebeu até ameaças de morte.

De alguma forma, a doença de Ryan trouxe à tona o pior nas pessoas, e não havia muito refúgio para ele e sua família. Nem mesmo na igreja. Os White eram pessoas de muita fé e convicção cristã. Toda noite, Ryan e Jeanne rezavam juntos antes de dormir. Mas depois que a doença de Ryan se tornou pública, a comunidade da igreja metodista que eles frequentavam começou a renegá-los. Os paroquianos estavam com tanto medo de pegar Aids de Ryan que pediram que ele e sua família se sentassem somente no primeiro ou no último banco. As pessoas não usavam o banheiro da igreja depois de Ryan. Os pais diziam aos filhos que o evitassem.

Em sua autobiografia, Ryan conta a história de quando sua família foi à igreja no domingo de Páscoa em 1985, logo após seu diagnóstico. No final da missa, as pessoas se viravam para apertar as mãos e desejar "Que a paz esteja com você" às pessoas sentadas em volta, uma tradição de Páscoa na igreja de Ryan. Desta vez, ninguém apertou sua mão. Nem uma única pessoa ofereceu àquela criança doente uma bênção de paz na Páscoa. Quando saíram da igreja naquela manhã, o carro de Jeanne quebrou. Ela tentou pedir auxílio a alguns membros da congregação que saíam do estacionamento da igreja, mas ninguém quis ajudá-la.[1]

Apesar do ostracismo que ele sofreu de sua igreja e sua comunidade, e apesar da terrível dor e sofrimento físico que ele sentiu durante toda sua vida, Ryan seguiu cheio de fé e amor cristão até o fim. Apenas um ano antes de morrer, Ryan contou ao *Saturday Evening Post* que ele não tinha medo de morrer, porque tinha fé em Deus. Mesmo após ter sofrido tantos abusos de falsos beatos, e mesmo cada vez mais doente, a fé de Ryan estava mais forte que nunca. "Sempre há esperança com o Senhor", Ryan declarou ao *Post*. "Tenho muita confiança em Deus."[2]

Quando menino, eu adorava a escola dominical. Adorava ouvir histórias da Bíblia, histórias cheias de esperança. Até hoje, embora não pratique nenhuma religião, eu levo a sério os ensinamentos de compaixão de Jesus, e tenho um grande respeito por todas as pessoas de fé. Jesus, o homem, me inspira porque ele amou incondicionalmente, porque perdoou incondicionalmente, e porque morreu pelo bem dos outros. O mesmo pode ser dito sobre Ryan White. Ele foi um verdadeiro cristão, um Jesus Cristo dos nossos dias. É uma afirmação ousada, eu sei; alguns podem até se sentir ofendidos por isso. Mas quem, como eu, conheceu a história de Ryan e testemunhou suas qualidades extraordinárias não pode chegar a outra conclusão.

A família White pôs em prática sua fé cristã. Eles ficaram desconcertados por terem sido tratados por sua comunidade de forma tão terrível, claro, mas compreendiam o medo. Eles sabiam que ele era causado por ignorância e incompreensão. E assim responderam com a compaixão que eles mesmos nunca receberam. Eles se esforçaram para educar sua comunidade, para ensinar aos outros sobre a Aids. No final, Ryan acabou atingindo muito mais que os habitantes de Kokomo, Indiana. Ele atingiu a nação inteira.

A história de um jovem doente mantido afastado da escola e repelido por sua comunidade não ficaria escondida em uma cidadezinha do Meio-Oeste por muito tempo. A luta de Ryan rapidamente se tornou notícia nacional, e ele logo se tornou um nome conhecido. Ryan foi a programas de entrevistas e noticiários noturnos em rede nacional. Ele foi capa da revista *People*. Ele era um garoto bastante tímido, na verdade, e Jeanne, uma mulher maravilhosamente simples, certamente não queria chamar atenção para si mesma. Mas os White sentiram que era seu dever se manifestar, contar ao mundo o que estavam vivendo. Eles queriam melhorar a vida das milhares de outras pessoas que estavam sofrendo o mesmo – e não apenas os outros hemofílicos que haviam contraído HIV, mas *todos* que estivessem vivendo com a doença.

Enquanto preconceituosos como o famoso pastor Jerry Falwell e o político americano Jesse Helms espalhavam a mensagem de ódio de que a Aids era uma maldição de Deus contra os gays, aqui estava um adolescente à beira da morte e sua mãe, atirados sob os holofotes, posicionando-se ombro a ombro com *todos* os portadores de HIV/Aids. Era o ápice da bravura, o ápice da compaixão. Eu os amo por isso até hoje. Ao se manifestarem, Ryan e Jeanne ajudaram a normalizar a epidemia e aliviar um pouco do estigma e do medo terríveis que a cercavam. Ao fazer isso, eles também apressaram a resposta do governo e aumentaram a urgência nas pesquisas médicas. Além disso, eles demonstraram o que nós agora sabemos ser verdade – que devemos amar todos os portadores de HIV/Aids se quisermos erradicar a doença.

Como milhões de pessoas, quando li sobre Ryan naquela revista, sentado na sala de espera do médico, fiquei enfurecido. Mais que isso, fui tomado pelo desejo de fazer algo por ele e sua família. "Esta situação é ultrajante", pensei. "Tenho de ajudar estas pessoas."

Apesar de estar furioso e motivado, eu não tinha ideia do que eu poderia fazer por eles. Acho que eu imaginava que talvez pudesse ajudar na conscientização sobre o que a família White estava passando, ou talvez levantar dinheiro para lutar contra a Aids. Mas como eu poderia ajudar aos outros quando eu não conseguia ajudar nem a mim mesmo?

A verdade é que eu era um grande viciado em cocaína naquela época. Minha vida tinha altos e baixos como um maldito ioiô. Meus valores estavam soterrados sob meus comportamentos autodestrutivos. Lá no fundo, eu ainda era uma boa pessoa, uma pessoa gentil – de outra forma, eu nunca teria procurado os White, em primeiro lugar. Tudo que eu esperava era que, de alguma forma, eu pudesse levar a esse menino e sua família um pouco de conforto e apoio.

No final das contas, os White acabariam fazendo mais por mim do que qualquer coisa que eu tenha feito por eles.

Na primavera de 1986, depois que Ryan conquistou seu direito de voltar à escola, ele e Jeanne foram até Nova York para comparecer a um evento para levantar fundos para a pesquisa da Aids e aparecer no programa *Good Morning America*. Vi a entrevista deles, e telefonei para Jeanne na manhã seguinte. Eu queria conhecer Ryan. Eu queria ajudar. Convidei Ryan e sua família para um de meus shows.

Ryan estava doente demais para ir à primeira apresentação a que eu tinha planejado levá-lo, mas finalmente consegui colocar os White num avião para Los Angeles. Eles foram a dois de meus shows, e depois levei a família à Disneylândia, onde consegui um passeio particular e uma festa para Ryan. Eu queria lhe proporcionar uma aventura – limusines, aviões, hotéis de luxo – um tempo despreocupado para distraí-lo de sua dor e suas circunstâncias difíceis. Mas o que mais me recordo daquela visita é que eu me diverti tanto quanto Ryan, se não mais.

Senti-me imediatamente à vontade com os White, instantaneamente conectado com Ryan. Embora fôssemos de países diferentes, éramos feitos do mesmo material. Os White eram pessoas diretas e de bom senso. Eles eram carinhosos, humildes e sempre gratos. O que eu fiz por eles naquela viagem e depois foi pelo puro amor que senti por essa família. E era isso realmente: amor. Eu amei os White desde o princípio.

Conhecer a família deixou óbvio o terrível estado em que eu estava. Você não imagina como eu era egoísta naquela época, o imbecil que eu tinha me tornado. A culpa disso era em parte das drogas, em parte do estilo de vida que eu criara, em parte das pessoas ao meu redor, que satisfaziam meus piores instintos. Eu tinha tudo no mundo – dinheiro, fama, *tudo* – mas eu era capaz de ter um ataque se não gostasse das cortinas do meu quarto de hotel. Isso mostra o quanto eu estava de cabeça para baixo. Quão patético eu havia me tornado.

Ryan, por outro lado, estava morrendo. Sua família havia sido atormentada. E mesmo assim, durante sua visita a Los Angeles e em todas as vezes em que estive com ele depois disso, ele estava sempre, invariavelmente, alegre. Na Disneylândia, Ryan estava tão fraco que eu tive de empurrá-lo em uma cadeira de rodas parte do tempo. Para uma criança, estar preso a uma cadeira de rodas na Disneylândia deve ser incrivelmente frustrante, não poder correr por aí e brincar em um dos maiores parques de diversões do mundo. Mas Ryan amou cada minuto. Ele amava a vida. Ryan não pensava em morrer; ele pensava em viver, e estava se dedicando a isso. Seu tempo era precioso demais para sentir pena de si mesmo. Estive bastante com Ryan ao longo dos anos, e não me lembro de uma só vez que ele tenha reclamado sobre qualquer coisa. Eu sei que ele não era uma criança perfeita; isso não existe. Mas Ryan era especial.

Assim como sua mãe e sua irmã. Jeanne estava passando pela situação mais torturante que qualquer pai poderia imaginar: ver seu filho ter uma morte lenta e dolorosa, e não poder fazer nada a respeito. Mas ela nunca perguntou "por que eu?". Ela incorporava o perdão, a aceitação e a perseverança em todas as ocasiões, mesmo tendo, sem dúvida, sofrido enormemente em seus momentos mais privados.

Andrea era igualzinha a Jeanne; incansável, e nunca reclamava. O caçula da família em geral recebe toda a atenção, especialmente se for alguém como Andrea, uma adolescente linda, atleta, ótima aluna. Mas a vida de Andrea ficou em segundo plano com a doença de Ryan. Ela teve de abandonar a patinação competitiva, sua paixão, por motivos financeiros. Como Ryan, ela perdeu amigos e era provocada. Foi bem difícil para ela. Fiquei impressionado por ela lidar com a realidade da situação de sua família com uma maturidade e sabedoria muito além da sua idade.

Essa família me inspirou de uma maneira que não consigo explicar totalmente. Estar perto dos White me tocou bem no fundo. Acho que se pode dizer que eu queria ser como eles. Eu queria fazer parte da família deles. Eles me fizeram querer mudar, ser uma pessoa melhor, ser a pessoa que eu sabia que era por dentro. Mas isso não era algo fácil, por causa dos meus vícios, por causa do meu estilo de vida. Eu estava começando a abrir os olhos para a realidade, mas foi necessária a morte de Ryan para abri-los completamente. Quando os olhos dele se fecharam, os meus se abriram. E estão abertos desde então.

Depois que os White vieram para L.A., comecei a fazer tudo que eu podia por eles. Coisas pequenas, na maior parte. Ryan foi a outros shows. Mandei presentes, flores e cartões. Eu ligava para saber como ele estava. Em 1987, Jeanne decidiu se mudar com a família para Cicero, Indiana, uma cidadezinha na periferia de Indianápolis. Ela sabia que era a coisa certa a se fazer depois que Ryan lhe confidenciou que não queria ser enterrado em Kokomo. Eles precisavam fugir do lugar que havia lhes causado tanta tristeza – isso era certo. Um dia, Jeanne ligou. Com muita hesitação na voz, ela perguntou se eu poderia emprestar-lhe parte do dinheiro que ela precisava para dar entrada em sua nova casa em Cicero.

Até aquele dia, Jeanne nunca havia pedido uma coisa sequer. Ela vir a mim pedindo ajuda significava que ela realmente precisava muito. Eu sabia o quanto ela estava desesperada para dar a Ryan e Andrea uma vida melhor, então eu disse a ela que esquecesse essa história de empréstimo, eu apenas lhe enviaria o dinheiro. Mas Jeanne *insistiu* absolutamente em um empréstimo. Na verdade, ela fez com que ambos assinássemos um contrato caseiro afirmando que ela me pagaria de volta! De fato, anos mais tarde, recebi um cheque de Jeanne. Coloquei o dinheiro diretamente em uma poupança para a faculdade de Andrea. Jeanne resistiu, claro, mas eu disse a ela que eu *queria* ajudar, que significava muito para mim ajudar a família dela desta maneira. Pensando agora, acho que, ao aceitar a minha assistência, ela estava sendo mais caridosa do que eu ao dá-la.

Os White tiveram uma vida completamente diferente em seu novo lar em Cicero. Eles foram recebidos de braços abertos. Ryan tinha alguns amigos em Kokomo, mas em Cicero ele se tornou uma espécie de herói local. Os White não foram apenas aceitos, foram acolhidos, e Ryan prosperou em sua nova escola, entrando para a lista de honra e fazendo muitos bons amigos.

Não é que os residentes de Cicero fossem seres humanos melhores ou mais gentis que os de Kokomo. Minha opinião é que as pessoas são mais ou menos as mesmas no mundo todo; além disso, essas duas cidades ficam a apenas 48 quilômetros uma da outra. Na verdade, os habitantes de Cicero tinham muitas das mesmas dúvidas, e compartilhavam muitos dos mesmos medos dos de Kokomo. Era seguro para as outras crianças ficar perto de Ryan? Ele era um risco à saúde da comunidade? A diferença era que Cicero sabia mais sobre o HIV/Aids quando Ryan chegou.

Para começar, Ryan contribuiu muito para educar todo o país. Todo mundo conhecia sua história, e ao saber da situação de Ryan, os Estados Unidos aprenderam sobre a Aids também. Além disso, a nova escola de Ryan oferecia uma educação abrangente sobre Aids para todo o corpo estudantil e os funcionários. O conselho da escola chegou a patrocinar palestras para que pais e outros membros da comunidade aprendessem sobre a Aids, tudo antes que Ryan tivesse pisado na sala de aula. Ele também teve como defensora e maravilhosa amiga Jill Stewart, a presidente do corpo estudantil da escola, que por acaso vivia na mesma rua dos White.

Graças aos esforços de Jill e da comunidade, os colegas de Ryan sentiram solidariedade por ele, e não medo. Os pais entenderam que seus filhos não corriam risco, e puderam acalmar as preocupações entre os colegas de Ryan. Algumas crianças até ensinaram sobre a doença aos seus pais nervosos. Como resultado, as pessoas não estavam temerosas; elas foram solidárias. Cicero conseguiu ver além da doença de Ryan e se concentrar na pessoa incrível que ele era.

Ryan encontrou um pouco de paz na cidade, embora não quanto à doença. Ele nunca quis desistir – desnecessário dizer –, mas seu corpo frágil já havia suportado demais. Na primavera de 1990, no final do penúltimo ano do colegial, Ryan foi hospitalizado com uma grave infecção respiratória. Jeanne me ligou para contar que Ryan estava sendo mantido por aparelhos. Imediatamente peguei um avião para Indiana. O astro de futebol americano Howie Long e as atrizes Judith Light e Jessica Hahn estavam no mesmo voo da US Airways. Eles também haviam se tornado amigos de Ryan e abraçado sua causa.

Passei a última semana da vida de Ryan ao lado de sua cama no hospital, dando apoio a Jeanne e Andrea de todas as formas que eu podia. Na maior parte das vezes, isso significava bancar o recepcionista da família, e fiquei honrado em fazê-lo. Muitas pessoas tentaram entrar em contato com Ryan por telefone e correio – amigos, celebridades, políticos, todos queriam expressar seu apoio. Ryan perdia e recobrava a consciência, mas ele estava acordado quando Michael Jackson ligou. Michael era o maior astro do mundo na época, talvez o homem mais famoso do planeta. Anos antes, ele também havia se tornado amigo de Ryan, e um dos bens mais queridos de Ryan era um Ford Mustang vermelho que havia sido um generoso presente dele.

Deitado ali à beira da morte, Ryan estava tão fraco que não conseguia falar com Michael. Segurei o telefone em seu ouvido enquanto Michael lhe oferecia palavras gentis de conforto e amor.

Aproximei-me muito de Jeanne durante a última semana de vida de Ryan. Ela me descreveu na época como seu anjo da guarda, por ter ajudado a família durante aquele momento terrível lidando com os detalhes logísticos, e por simplesmente estar ali. Mas era o contrário. Jeanne e sua família eram os meus anjos da guarda. E tinham sido enviados para me entregar uma mensagem clara: o próximo leito de morte poderia ser o meu.

Eu tinha todo o dinheiro do mundo, mas não importava, porque eu não tinha saúde. Eu não estava bem. Mas diferente de Ryan, existia cura para o meu vício, minha auto-destrutividade. Em pé ali ao lado de Ryan na cama de hospital, segurando a mão de Jeanne, vendo o corpo inchado e desfigurado dele, recebi a mensagem. Eu não queria morrer.

Na noite de 7 de abril eu tinha um grande concerto em Indianápolis, não muito longe do Hospital Infantil Riley, onde Ryan estava sendo tratado. O show se chamava Farm Aid IV, o quarto de uma série de concertos para conscientização e arrecadação de doações para famílias de agricultores nos Estados Unidos. Meses antes, eu havia aceitado de bom grado me juntar a Garth Brooks, Guns N' Roses, Neil Young, Jackson Browne, Willie Nelson, John Mellencamp e muitos outros artistas incríveis para aquele show. Mas naquele momento, com Ryan à beira da morte, eu não queria ficar longe dele.

Corri para o Hoosier Dome e subi ao palco. Outros artistas estavam com seus figurinos normais de espetáculo, mas eu estava de boné de beisebol e jaqueta. Estava tão chateado que não me importava com minha aparência, e isso estava claro.

Mesmo 60 mil fãs gritando não conseguiam afastar a tristeza que eu sentia. Como havia muitos músicos, cada um de nós apresentou apenas algumas canções. Comecei com "Daniel" e depois "I'm Still Standing". Antes da minha terceira música, disse à multidão: "Esta é para Ryan". Houve uma explosão de aplausos. A hospitalização de Ryan era notícia no país inteiro, e todo mundo sabia que ele não tinha muito tempo de vida. Toquei "Candle in the Wind," e a resposta foi esmagadora. Olhei para a plateia, e as pessoas estavam segurando seus isqueiros, milhares de pequenas vigílias piscando no escuro por meu amigo que morria.

Quanto terminei a canção, saí correndo do palco e voltei para o hospital, para o lado da cama de Ryan. É onde eu estava, horas depois, quando Ryan faleceu na manhã de 8 de abril de 1990. Nunca esquecerei o funeral. Nunca esquecerei o entorpecimento da tragédia. Nunca me esquecerei dele no caixão aberto, ou do caminho da missa até o cemitério. Chovia. Dirigíamos muito devagar, tanto por tristeza como por cautela. Nunca esquecerei Jeanne me agradecendo, no meio da maior perda de sua vida, fazendo questão de reconhecer que eu estava ali lhe dando apoio. Tudo era tão surreal, como um sonho horrível.

Era o fim de uma semana muito longa. Era o fim de uma luta muito longa.

Jeanne me pediu para ajudar a carregar o caixão e cantar uma música no funeral de Ryan. Eu não tinha certeza se conseguiria manter a compostura, mas concordei em cantar. Eu não podia dizer não, mas não sabia o que cantar. Eu não sabia o que seria apropriado para uma ocasião tão trágica e dolorosa.

Acabei recorrendo ao meu primeiro álbum, *Empty Sky*, e à música "Skyline Pigeon", que Bernie Taupin e eu escrevemos juntos. Sempre foi uma das minhas favoritas, e eu a achava a melhor faixa desse primeiro álbum, talvez até a melhor faixa que já tínhamos composto até então. É uma música sobre liberdade e libertação, e parecia adequada para o funeral de Ryan. Agora que ele havia falecido, imaginei que Ryan estava livre para ir aonde quisesse, sua alma estava livre para viajar, seu espírito estava livre para inspirar pessoas em todo o mundo. Decidi que eu não poderia estar sozinho naquele palco, então ensinei o coral do colégio de Ryan a cantar junto comigo.

Uma foto de Ryan repousava no piano na minha frente, seu caixão atrás de mim. Eu quase nunca canto essa canção hoje em dia. Meu afilhado morreu há vários anos, quando ele tinha apenas quatro anos de idade. Toquei "Skyline Pigeon" em seu funeral também.

Havia mais de 1.500 pessoas no funeral de Ryan – não apenas sua família e amigos, mas celebridades a quem ele havia comovido e dignitários da mais alta ordem. Michael Jackson estava lá. Judith estava lá. Howie e Phil Donahue estavam carregando o caixão junto comigo. A primeira-dama Barbara Bush estava lá também. Todos estavam vencidos pela tristeza, mesmo aqueles que mal conheciam Ryan.

Algumas pessoas de Kokomo compareceram ao funeral, incluindo o advogado daquele grupo de pais que havia tentado impedir que Ryan fosse à escola. Ele ofereceu suas condolências a Jeanne e pediu que ela perdoasse a maneira com que sua cidade tratou Ryan. Ela o fez, sem hesitar um segundo.

Ao longo do ano após sua morte, o túmulo de Ryan foi vandalizado quatro vezes. O pobre menino não podia sequer descansar em paz. Mesmo assim, a mensagem de Ryan sobreviveu.

Na base de sua lápide, sete palavras estão inscritas: paciência, tolerância, fé, amor, perdão, sabedoria e espírito.

Amei meu amigo Ryan mais do que consigo expressar. Amei o fato de ele não ter um grama de desistência em seu coração. Amei o fato de ele não ter uma migalha de autopiedade em sua alma. Não foi só o modo como ele manteve a cabeça erguida enquanto lutava contra não uma, mas duas doenças terríveis. Não foi apenas o modo como ele corajosamente enfrentou a morte numa idade em que a maioria das crianças não faz ideia de quão preciosa é a vida. Não, Ryan foi um verdadeiro herói, um verdadeiro cristão, porque ele perdoou incondicionalmente àqueles que o fizeram sofrer.

Seria fácil achar que o tempo de Ryan na terra foi um inferno, mas ele nunca pensou dessa forma. Ele amava estar vivo. Ele amava os prazeres simples que eram os amigos e a família. Ele viveu sua curta e dolorosa vida com toda graça e, acima de tudo, perdão pleno. Vivendo do modo como viveu, e morrendo do modo como morreu, Ryan mudou o mundo. E ele mudou o *meu* mundo.

Há uma cena em *O Rei Leão* onde Rafiki, um ancião sábio e confiável, diz a Simba, o herói do filme, que ele pode levá-lo para ver seu falecido pai. Rafiki o conduz até uma poça d'água. A princípio, Simba vê apenas seu próprio reflexo. Mas então, a imagem do pai de Simba aparece na poça. Rafiki diz a Simba: "Ele vive em você". Quando eu estava compondo e gravando as músicas para *O Rei Leão*, essa cena sempre me fazia lembrar de Ryan, e ainda faz, todos estes anos depois.

Ryan vive em mim. Ryan e sua família me ajudaram a ver o significado da dignidade, a importância do respeito próprio, o poder da compaixão. Estou aqui hoje por causa de Ryan. Ele me inspirou a pôr minha vida em ordem e a começar minha fundação de combate à Aids. Ele continua a me inspirar a cada dia. Eu sei que ele me admirava, e a ideia de desapontá-lo agora, mesmo que ele tenha partido há tanto tempo, me faz estremecer. Tento honrar sua memória vivendo do jeito que ele gostaria que eu vivesse, sendo a pessoa que ele achava que eu era.

Nossa amizade foi o catalisador que ajudou a mudar minha vida. Sem dúvida, Ryan *salvou* minha vida. Mas a minha é apenas uma entre incontáveis vidas que foram salvas por Ryan White.

Dois anos antes de morrer, Ryan falou diante da Comissão Presidencial para a Aids, que foi um comitê formado pela administração Reagan para investigar a epidemia e fornecer à Casa Branca recomendações de políticas públicas. Ryan e Jeanne foram até Washington, e Ryan, com apenas dezesseis anos na época, bravamente contou sua história e impressionou muito a comissão. Apenas algumas semanas após a morte de Ryan, Jeanne voltou a Washington e demonstrou uma extraordinária coragem. Ainda sofrendo pela perda de seu filho, ela pressionou pessoalmente membros do Congresso para aumentar dramaticamente o financiamento das pesquisas, tratamento e educação sobre a Aids.

Em agosto de 1990, apenas quatro meses após a morte de Ryan, o Congresso aprovou a Lei Emergencial Ryan White de Recursos Abrangentes para a Aids (CARE, na sigla em inglês) em sua homenagem. A lei, que foi aprovada com apoio esmagador e bipartidário, mais que dobrou o investimento do governo no combate à epidemia de Aids. Hoje, mais de vinte anos depois, a lei de Ryan provê mais de 2 bilhões de dólares anuais em serviços de tratamento e prevenção de Aids a meio milhão de americanos. A grande maioria dos que recebem assistência através da Lei Ryan White CARE são pessoas de baixa renda e sem seguro saúde vivendo com o HIV/Aids. Em outras palavras, a lei personifica o que Ryan me ensinou, e o que ele ensinou a nós todos – que precisamos demonstrar solidariedade por todos. Só então venceremos a luta contra essa horrível doença.

Em conversas informais com profissionais de saúde que trabalham com o HIV/Aids, ouve-se frequentemente: "Este programa é financiado por Ryan White". Claro, eles estão se referindo à lei. Mas a lei existe por causa da pessoa, meu amigo. O fato de o nome de Ryan ser mencionado por centenas – talvez milhares – de pessoas todo dia é um incrível testemunho do impacto de sua vida e legado.

A vela de Ryan White se extinguiu há muito tempo, mas sua lenda nunca se apagará.

2
Uma década de perdas

Ryan não foi o primeiro amigo que perdi para a Aids, e ele não foi o último. Tantos me foram tomados por essa doença – sessenta, setenta, oitenta, sinceramente não sei dizer. Prefiro não contar. Mas não quero esquecê-los jamais.

É por isso que tenho uma capela em minha casa em Windsor, em um antigo jardim de inverno na propriedade. É aonde vou para relembrar as pessoas em minha vida que me sensibilizaram, que me tornaram a pessoa que sou hoje. Quando entro nela, é como voltar no tempo. Sou inundado de tristeza e carinho.

Há fotos adornando as paredes. Minha avó. Princesa Diana. Gianni Versace. Guy Babylon, o incrível tecladista que perdi para um ataque do coração em 2009. E há outra parede, cheia de placas que listam nome após nome após nome. Pessoas que, na minha memória, estão congeladas no tempo como jovens, vibrantes e cheias de vida. Nenhuma delas está mais aqui. Todas morreram de Aids.

Eram amigos próximos, namorados e pessoas que trabalharam para mim. Muitos deles morreram nos anos 1980, levados por uma peste cruel e impiedosa. A primeira pessoa que conheci que morreu de Aids foi Neil Carter, o assistente de meu empresário. Ele era um jovem adorável, e fiquei desesperado quando soube que ele tinha a doença. Três semanas depois, ele morreu. Foi dele a primeira placa que coloquei em minha capela.

Hoje no Ocidente, a Aids é considerada cada vez mais apenas outra doença crônica que pode ser controlada com medicamentos. Vemos pessoas como Magic Johnson vivendo vidas longas e saudáveis, e não saberíamos que eles têm uma doença tão terrível se não tivessem nos contado. Graças a Deus por isso.

Mas quando você tinha Aids nos anos 1980, você morria – de maneira rápida e horrível.

Imagine sua boca se enchendo de tantas feridas que você não consegue comer. Seus pulmões se enchendo de tanto fluido que você não pode respirar. Um cansaço tão esmagador que você não consegue tirar a cabeça do travesseiro. Perder o controle da sua bexiga, dos seus intestinos, da sua mente. Foi assim que meus amigos morreram nos anos 1980. É como milhões continuam a morrer em todo o mundo.

Nunca, nunca me esquecerei de ter estado naqueles quartos de hospital, vendo o olhar vazio e devastado nos olhos de amigos assolados pela dor e pela consciência de que apenas a morte colocaria um fim ao seu sofrimento.

As depredações físicas da Aids já eram terríveis. E ainda havia a terrível indignidade que a Aids infligia aos infectados: a vergonha e o estigma.

No Ocidente, frequentemente lembramos da loucura e da desinformação, do sofrimento e da desesperança causados pela

Aids nos anos 1980 como um capítulo triste, mas felizmente encerrado, da História. Para uma boa parte do mundo, contudo, esse capítulo continua. Em muitas partes da África, Ásia, América Latina e Caribe, a Aids ainda é uma sentença de morte, ainda é a mesma letra escarlate que marcava um nova-iorquino ou são-franciscano que tivesse contraído a doença em 1982. O mesmo acontece entre as pessoas pobres e de baixa renda nos países ocidentais – mais do que gostaríamos de admitir. Quando me lembro dos anos 1980 e estremeço frente ao horror daquela época, me enfurece saber que a história esteja se repetindo agora, no mundo todo.

Hoje, embora a Aids ainda seja uma das principais causas de morte em todo o mundo, ela muitas vezes fica em segundo plano nas mentes do público e da imprensa. Nos anos 1980, porém, como a história de Ryan vividamente ilustra, o surto de Aids foi recebido por um nível de histeria pública sem precedentes na história moderna. E como as primeiras infecções registradas foram entre gays, usuários de drogas injetáveis e imigrantes haitianos nos Estados Unidos, foi muito fácil para a sociedade torná-los bodes expiatórios e desprezá-los. Claro, havia muitos defensores heroicos das pessoas com HIV/Aids na época. Mas bem no começo, havia gente demais na mídia, em instituições religiosas, nos governos e no público geral que mandava uma mensagem clara para as pessoas com Aids: não nos importamos com vocês.

Não consigo imaginar um tratamento pior para com um ser humano. Fazer as pessoas acreditarem que estão completamente sozinhas, que devem lutar sem uma gentileza ou uma palavra de carinho, é uma das coisas mais cruéis a que você pode sujeitar alguém, independentemente da doença ou da situação.

Foi exatamente o que aconteceu a milhares de pessoas com Aids nos anos 1980. Eles foram rejeitados por suas famílias e ostracizados por suas comunidades. Foram levados a achar que eles mesmos, de alguma forma, haviam trazido a doença para si através de seu próprio pecado ou falta de virtude.

 Fico profundamente envergonhado por não ter feito mais a respeito da Aids na época. Meus amigos estavam morrendo à minha volta, e com algumas exceções, eu não agi. Doei algum dinheiro a fundações. Participei de shows beneficentes para o combate à Aids. Ajudei a família White. Gravei uma canção chamada "That's What Friends Are For" com Gladys Knight, Stevie Wonder e Dionne Warwick; o dinheiro das vendas desse *single* foi para a Fundação Americana para a Pesquisa da Aids, ou amfAR, na sigla em inglês. Mas o fato é que eu era um homem gay nos anos 1980 que não se engajou. Não dediquei o tempo ou esforço que poderia facilmente ter dedicado, e deveria ter dedicado, para lutar contra a Aids e apoiar aqueles que a tinham.

 Em vez disso, fui consumido pela cocaína, álcool, e sabe-se lá o quê. Aparentemente, não recebi o recado de que a Década "Eu" acabara em 1979. O trem do ego do Elton atravessou os anos 1980. Passei a maior parte daquele tempo como um espectador passivo desta calamidade humana que estava se desdobrando ao meu redor. Eu estava plenamente consciente da Aids. Eu sabia o que ela era. Eu sabia que estava matando meus amigos. Eu só não tinha força ou sobriedade para fazer algo a respeito.

 Não me lembro da primeira vez em que ouvi a palavra "Aids". Talvez seja porque a doença começara seu massacre pelo mundo havia alguns anos, antes mesmo de ser nomeada. Mas lembro de ouvir sobre gays sofrendo de alguma doença estranha já em 1982. Havia sussurros abafados em festas e rumores no ar. Um medo palpável se infiltrou na comunidade gay muito antes de consumir o público geral. Também lembro que minha primeira compreensão e interação com a Aids aconteceu nos Estados Unidos. Era onde eu vivia e trabalhava boa parte do tempo. Foi o primeiro lugar onde a doença emergiu como uma epidemia. E onde o destino e o futuro da Aids seriam decididos pelas poderosas instituições americanas de governo, mídia e de pesquisa.

Embora ninguém soubesse de sua importância na época, o primeiro registro oficial da epidemia da Aids foi em 5 de junho de 1981, quando um boletim semanal do CDC observou um estranho surto de uma pneumonia rara em cinco homens gays em Los Angeles.[1] Um mês depois, apareceram relatos de um câncer raro chamado sarcoma de Kaposi em 41 homossexuais em Nova York e na Califórnia. Inicialmente, presumiu-se que estes fossem surtos isolados, e ninguém sabia exatamente o que os estava causando.

Somente mais tarde pesquisadores perceberam que essas pneumonias e cânceres raros estavam ligados.

Alguns poucos oncologistas e epidemiologistas perceberam desde o princípio que algo sério estava acontecendo. Mas entre o público, a mídia e a maioria dos políticos, poucos estavam prestando atenção nesses surtos que pareciam afetar apenas gays urbanos na costa leste e oeste do país.

No entanto, ler as notícias de 1981 agora é absolutamente sinistro. Em retrospecto, a tempestade da epidemia que estava por vir já vinha se formando. Em uma matéria de 3 de julho de 1981 do *The New York Times* sobre o surto de sarcoma de Kaposi, o repórter Lawrence Altman descreveu a maioria dos casos como envolvendo "homens homossexuais que tiveram encontros sexuais múltiplos e frequentes com parceiros diversos". A maioria também havia usado drogas. Altman relatou que os pesquisadores haviam considerado a possibilidade de um vírus ter causado o surto, mas achavam improvável. Afinal, câncer não é contagioso. Altman observou no final do artigo, contudo, que os pacientes pareciam ter sistemas imunológicos severamente comprometidos, como era evidenciado pelo "grave mau funcionamento" dos "linfócitos T e B".[2]

O que Altman descreveu – o sexo, o uso de drogas e, o mais importante, os sistemas imunológicos comprometidos e dano a células T – logo seriam reconhecidos como os fatores de risco e características definidoras da Aids. Mas até então, esses estranhos surtos eram considerados problemas peculiares à comunidade gay. De fato, à medida que surtos apareciam em novas cidades, passaram a ser descritos como "câncer gay" ou "pneumonia gay". Quando os pesquisadores perceberam que essas doenças e outras estranhas infecções oportunistas que estavam surgindo em homens gays até então saudáveis estavam ligadas, começaram a chamá-la de Imunodeficiência Relacionada a Gays (Gay-Related Immune Deficiency, ou GRID, na sigla em inglês).

Mas isso não durou muito. Em 1982, heterossexuais usuários de drogas injetáveis começaram a ficar doentes. Logo, a doença apareceu em bebês de mães infectadas. E havia uma notável concentração da doença entre pessoas de origem haitiana em Miami e Nova York. Alguns profissionais de medicina a chamavam de "doença 4H", referindo-se aos quatro grupos considerados com o maior risco de infecção: homossexuais, hemofílicos, heroinômanos e haitianos. Depois, em agosto de 1982, o CDC cunhou o nome que pegaria, um nome que logo causaria pânico nos Estados Unidos e em todo o mundo: Síndrome da Imunodeficiência Adquirida [Aids, em inglês].

Por algum tempo, até onde se dava atenção à epidemia, ela era considerada uma doença "deles" – os veados, os drogados, os imigrantes, aqueles sobre os quais não gostamos de pensar ou falar a respeito. Mas a Aids se tornou uma doença "nossa" no momento que começaram os rumores de que ela estaria nos bancos de sangue. Primeiro, a Aids começou a aparecer em pessoas com hemofilia, como Ryan. O verdadeiro pânico foi deflagrado quando pacientes começaram a contrair a doença em transfusões de sangue durante cirurgias, e embora os números acabassem sendo relativamente pequenos, o público começou a sentir que qualquer um poderia contrair a doença. "Medo da Aids Infecta a Nação", retumbava uma manchete do *U.S. News & World Report* na época.³

O medo da Aids nos bancos de sangue era completamente compreensível; era baseado em fatos. Mas o pior medo público sobre a Aids era o de poder contraí-la só com o contato casual com uma pessoa infectada. Isso era, é óbvio, completamente absurdo. Não se pega HIV em um assento de privada ou em uma piscina, ou por mosquitos, por abraçar alguém com Aids, ou por respirar o mesmo ar do ambiente com alguém HIV positivo. Sangue e fluidos sexuais são e sempre foram as únicas rotas de transmissão do HIV. Ponto.

Como eu disse, isso ficou bem entendido logo depois que a epidemia foi descoberta. No começo de 1983, cientistas não tinham identificado precisamente que vírus estava causando a Aids, mas eles sabiam com certeza que não era transmitido por contato casual. Algumas organizações de saúde pública, inclusive o CDC, fizeram o possível para divulgar os fatos, mas foram abafados por uma onda de desinformação vinda frequentemente de pessoas e organizações que deveriam ser mais esclarecidas. Em 6 de maio de 1983, o *Journal of the American Medical Association* publicou um comunicado à imprensa com a manchete "Evidências sugerem que contato doméstico pode transmitir Aids".[4] Mesmo em 1985, um advogado da Casa Branca que é o atual presidente da Suprema Corte dos EUA, John Roberts, enviou o seguinte memorando ao presidente Reagan: "Há muitos motivos para recomendar a noção de que a Aids pode ser transmitida através de contato casual ou rotineiro".[5]

Com esses sinais dúbios vindo de oficiais de alto escalão do governo, não surpreende que as pessoas estivessem cedendo a medos irracionais. Em Nova York, a Associação de Diretores Funerários do Estado recomendou que seus membros se recusassem a embalsamar pessoas que tivessem morrido de Aids.[6] Na Louisiana, a câmara dos deputados do Estado aprovou com grande vantagem uma medida permitindo a prisão e quarentena de qualquer pessoa com Aids (felizmente a lei foi revogada pouco depois).[7] Em São Francisco, quando uma estação de TV local tentou gravar um especial para conscientizar o público sobre a Aids, os técnicos do estúdio se recusaram a permitir a presença de pessoas com HIV/Aids no set.[8]

Por todo o país, começaram a aparecer relatos de perseguição e violência contra pessoas com HIV/Aids, em especial gays. Em Seattle, um grupo de jovens invadiu um bairro gay local, espancando as pessoas com bastões de beisebol e estuprando dois homens com um pé-de-cabra. Quando um dos agressores foi preso, ele disse à polícia: "Se não matarmos essas bichas, elas vão nos matar com a sua maldita Aids".[9]

Acalmar esta histeria galopante exigia uma resposta rigorosa do governo americano, a única instituição grande, poderosa e bem-informada o bastante sobre a Aids para causar algum impacto. Mas a triste verdade sobre a Aids nos anos 1980 é que o presidente Ronald Reagan, sua administração e muitos líderes no Congresso se recusaram a entrar na briga. Eles não mostraram nem a urgência, nem o foco que a crise exigia. Precisávamos de um plano para acabar com esse monstro. Precisávamos de dinheiro de verdade para financiar pesquisas, tratamentos e educação. E acima de tudo, precisávamos de líderes que se importassem.

A epidemia de Aids pegou fogo e se espalhou nos anos 1990 porque ninguém apagou a brasa que começou nos anos 1980.

A indiferença vinha do topo. O presidente Reagan só pronunciou publicamente a palavra "Aids" em 1985, quatro anos e cerca de 13 mil casos depois do início da epidemia. Ele só foi fazer um discurso sobre a Aids em 1987. Talvez ninguém tenha catalogado melhor o padrão de indiferença e apatia oficiais do que o jornalista Randy Shilts, cujo livro de 1987, *And the Band Played On*,* permanece sendo a investigação definitiva sobre o que aconteceu – e mais importante – sobre o que não aconteceu nos primeiros anos da epidemia da Aids. Seu livro é cheio de histórias, algumas das quais recontei aqui, de pesquisadores e médicos frenéticos na linha de frente da luta contra a Aids, implorando aos seus superiores, à administração Reagan e ao Congresso por mais recursos e atenção para combater a doença.

---

* Traduzido para o português como *O prazer com risco de vida: a epidemia da Sida* (Record, 1987). (N.E.)

Eles foram repetidamente ignorados. O próprio Shilts morreu de Aids em 1994.

Em público, muitos líderes no setor público diziam as coisas certas, como Shilts documentou em seu livro. Margaret Heckler, por exemplo, a secretária de Saúde e Serviços Humanos (HHS, na sigla em inglês), falou à Conferência de Prefeitos dos Estados Unidos em junho de 1983. Ela disse ostensivamente ao público: "Nada do que vou dizer é mais importante que isto: que o Departamento de Saúde e Serviços Humanos considera a Aids sua prioridade de saúde número um".[10] Mas nos bastidores, a própria equipe de Heckler contradizia o que ela dissera em público. Um mês após ela ter dito ao Congresso que a luta contra a Aids estava plenamente financiada, o dr. Edward Brandt, o secretário-assistente da saúde para o HHS, escreveu em um memorando interno que "chegamos ao ponto em que trabalhos importantes sobre a Aids não poderão ser executados pela falta de recursos disponíveis". Ele disse que programas de prevenção cruciais haviam sido "adiados, atrasados ou severamente reduzidos".[11]

No CDC, Don Francis, um epidemiologista que comandava as pesquisas da organização sobre Aids, foi bem mais franco. Em uma carta ao diretor do Centro de Doenças Infecciosas, ele escreveu: "O número de pessoas já mortas [pela Aids] é grande, e tudo indica que esta doença não irá parar até que milhares de americanos tenham morrido... A resposta de nosso governo a este desastre tem sido fraca demais".[12] Na época, um cientista do governo dizer tal coisa era extraordinariamente corajoso. Dr. Francis e outros como ele foram verdadeiros heróis em seus esforços para acordar seus superiores e todo o país.

Não é como se a administração Reagan e o Congresso fossem incapazes de responder com firmeza às crises de saúde públicas. Como Shilts observou, em outubro de 1982, quando sete pessoas em Chicago morreram após ingerir Tylenol contaminado com cianeto, oficiais federais, estaduais e locais mobilizaram toda a força-tarefa e dinheiro necessários para descobrir o que tinha acontecido e desenvolver procedimentos para assegurar que não acontecesse de novo.[13] Houve uma atitude similar de mobilização anos antes, quando uma pneumonia rara, depois chamada de doença dos legionários, atacou e matou 34 pessoas em uma convenção da Legião Americana em julho de 1976 na Filadélfia.[14] E mesmo assim, a Aids – uma epidemia que estava matando milhares de americanos e pessoas no mundo todo no meio dos anos 1980 – não merecia atenção suficiente para que o presidente dos Estados Unidos pronunciasse seu nome em público.

A explicação mais generosa para a inatividade oficial sobre a Aids é que as pessoas no poder simplesmente não conheciam a extensão de sua gravidade. Se você fosse um médico atendendo pacientes de Aids todos os dias, um epidemiologista do CDC acompanhando a progressão geométrica da doença, ou um homem gay vivendo no Greenwich Village de Nova York, ou no bairro Castro de São Francisco, conseguiria ver que isso era algo novo e terrível. Você saberia que a única chance de vencer a doença era canalizar a mesma urgência e atenção que daria a algo de que a sua vida dependesse. Porque, na verdade, dependia. Precisávamos do que um eminente pesquisador da Aids chamou de "uma pequena ida à lua".[15] Mas, para muitos no governo, talvez a Aids parecesse uma ameaça distante, vaga. Todo mundo conhecia alguém com câncer ou diabetes. No começo dos anos 1980, no entanto, a maioria das pessoas não conhecia ninguém com Aids.

Acho que as pessoas são fundamentalmente boas, e por isso *quero* acreditar que a razão primária da Aids não ter recebido a atenção que merecia deve-se à ignorância – as pessoas simplesmente não sabiam. Mas, no meu coração, sei que isso não é verdade. Vivi tempo demais e vi demais para aceitar que a Aids tenha sido ignorada porque não entendíamos o perigo dessa doença. A Aids foi ignorada porque poucas pessoas no poder se importavam com aqueles que a tinham.

Em uma audiência do Congresso em 1982, o representante da Califórnia, Henry Waxman, um dos primeiros defensores das pessoas com HIV/Aids, descreveu o que ainda acredito ser a verdade fundamental sobre a epidemia:

> Esta doença horrível afeta membros de uma das minorias mais estigmatizadas e discriminadas do país. As vítimas não são americanos típicos. São gays, principalmente de Nova York, Los Angeles e São Francisco. Não tenho dúvidas de que se a mesma doença tivesse surgido entre americanos de ascendência norueguesa, ou jogadores de tênis, em vez de homens gays, a resposta tanto do governo como da comunidade médica teria sido diferente.[16]

Claro, logo descobriríamos que a Aids não era de forma alguma uma doença gay. Era uma doença que poderia matar qualquer um, em qualquer lugar. Mas a Aids continuaria a carregar o velho estigma gay ao longo dos anos 1980, e para muitos líderes religiosos e governamentais, era a desculpa de que eles precisavam para virar as costas e jogar a culpa em uma comunidade que eles já odiavam. Até hoje, a Aids permanece uma doença estreitamente associada com a comunidade gay.

Ainda dói lembrar do ódio puro e absoluto reservado aos gays e vítimas da Aids. Jerry Falwell, o fundador do movimento político Moral Majority e um aliado importante do presidente Reagan, disse que "os homossexuais estão violando as leis da natureza. Deus estabelece todas as leis da natureza. Quando uma pessoa ignora essas leis, há um preço a se pagar".[17] Pat Buchanan, o antigo redator dos discursos de Nixon e futuro candidato à presidência, ecoou esse sentimento quando foi citado dizendo: "pobres homossexuais – eles declararam guerra à natureza, e agora a natureza os está punindo severamente".[18]

É inevitável detectar um toque de júbilo nessas declarações. Pessoas como Falwell pregaram durante anos que o Senhor condenaria os Estados Unidos pelos seus atos pecaminosos. E aqui, finalmente, estava um Deus virtuoso infligindo uma praga naqueles veados que estavam desobedecendo Suas leis divinas. Era realmente nauseante. E se você acha que esse ódio era domínio exclusivo de pregadores fundamentalistas e comentaristas combativos, considere o que aconteceu no Texas em 1985. Foi ali que o comissário de saúde do estado, dr. Robert Bernstein, propôs que os pacientes de Aids fossem postos em quarentena do público em geral.[19] Foi onde o ex-prefeito de Houston, Louie Welch, disse que um jeito de reduzir a epidemia de Aids seria "fuzilar as bichas".[20]

Sei que estes intolerantes horríveis não representavam seus constituintes, ou qualquer pessoa na igreja ou no governo. Nem de perto. E não paramos todos de dar atenção aos pastores incendiários quando começaram a culpar os gays pelo 11 de setembro e pelo Furacão Katrina? Santo Deus. Mas nos anos 1980, essas pessoas tinham poder de verdade. O Moral Majority de Jerry Falwell ajudou a colocar o presidente Reagan na Casa Branca em 1980. Foi ele quem deu a bênção à renomeação de Reagan na convenção republicana de 1984. O homem tinha uma *grande* influência. Ele poderia tê-la usado para curar. Se ele tivesse lido mais atentamente a Bíblia, talvez tivesse notado a parte onde Jesus cura o leproso que havia sido ostracizado por todos.

Mas Falwell e sua laia usaram seu poder para incitar o ódio. Suas palavras horripilantes e sua omissão deram às pessoas licença para ignorar o sofrimento dos portadores de HIV/Aids. Eles contribuíram para o sentimento geral de que a Aids não seria um problema nacional ou global, mas sim um problema gay, um problema de viciados em drogas, um problema urbano. E assim, eles ajudaram a garantir que a epidemia de Aids piorasse ainda mais.

Em 1985, à medida que a situação realmente piorava, duas coisas mudaram significativamente a percepção da trajetória da epidemia da Aids.

Pesquisadores franceses e americanos finalmente identificaram o vírus que causava a Aids em 1984, e embora houvesse uma disputa sobre o crédito da descoberta do vírus e sobre como ele deveria ser chamado, ele finalmente seria conhecido como vírus da imunodeficiência humana, ou HIV. Mas só em março de 1985 o primeiro teste de sangue para detectar o HIV seria aprovado pela FDA (agência que regula alimentos e remédios nos Estados Unidos). O teste era relativamente grosseiro, e foi inicialmente usado apenas para examinar sangue doado. Mas já era algo. Os cientistas finalmente sabiam o que causava a Aids, o que deu aos pacientes desesperados uma pequena esperança de que isso acabaria levando a um tratamento.

Isto não viria até 1987. Até então, os médicos não podiam fazer muito pelos pacientes de Aids além de ajudar a controlar os sintomas. Isto levou muitas pessoas com HIV/Aids a recorrer a uma variedade de tratamentos estranhos, experimentais e, em sua maioria, inúteis. Eu me lembro que amigos viajavam para o México para receber injeções de aminoácidos. Adotavam regimes nutricionais radicais. Tomavam todo tipo de medicamentos não prescritos, como os usados para tratar doenças como câncer e envenenamento por metais, na esperança de que estes de alguma forma fizessem efeito em sua doença. Essas pessoas, cada uma delas, ficaria desapontada. Não havia uma cura milagrosa chegando. Mas aquele primeiro teste de HIV preparou o terreno para uma revolução no modo como os cientistas e médicos tratariam e pesquisariam a Aids.

Depois, mais adiante em 1985, um segundo anúncio revolucionou o modo como o público americano via a doença: Rock Hudson, um dos galãs mais famosos da história de Hollywood, anunciou que estava morrendo de Aids. Quando a notícia estourou naquele verão, ninguém contou ao público exatamente como Hudson havia se tornado HIV positivo. Pessoas próximas a Hudson especularam que ele pudesse ter contraído o vírus por uma transfusão de sangue durante uma cirurgia cardíaca.[21] Mas todo mundo em Hollywood, e nos círculos que eu frequentava, sabia que Rock era gay e que ele, muito provavelmente, havia contraído a doença sexualmente.

A atenção da mídia foi absolutamente insana. As pessoas simplesmente não conseguiam acreditar que aquele robusto astro de cinema com mais de 1,95 metro, aquele modelo do macho alfa americano, tivesse Aids. Quando Hudson morreu, em 2 de outubro de 1985, o segredo de sua sexualidade já havia sido revelado, mas para minha surpresa, aquilo não pareceu fazer o público se voltar contra ele. Em vez disso, lembro-me de ter ouvido muitos dizerem que Rock Hudson era "a nova cara da Aids" e comentários como "Se Rock Hudson pegou, qualquer um pode pegar".

Sempre achei profundamente irônico que após quatro anos de homens gays morrendo de Aids, o ponto da virada na percepção da doença fosse... um homem gay morrendo de Aids. Mas Rock Hudson não se encaixava nos estereótipos prevalecentes de homossexualidade. Ele era o mulherengo que estrelou *Confidências à Meia-Noite* com Doris Day. Ele era amigo próximo de Ronald e Nancy Reagan. Rock se tornou a face "respeitável" da Aids, e talvez a própria Aids tenha se tornado um pouco mais respeitável, um pouco menos vil, porque ele a tinha.

A morte de Hudson não pôs miraculosamente um fim à apatia e ao preconceito ao redor da doença, claro. Longe disso. Mas ela ajudou a mudar a forma como o público percebia os doentes de Aids, e estimulou o governo a encarar a doença com mais seriedade. Menos de três semanas após a morte de Hudson, o Senado dos EUA apropriou 221 milhões de dólares para pesquisas da Aids, quase o dobro da quantia aprovada no ano anterior. Após a morte de Rock Hudson, ignorar a Aids não era mais uma opção. A percepção da Aids estava mudando. Assim como o alcance da própria doença. Em 1985, a Aids tinha sido descoberta em todo o mundo. Era uma verdadeira pandemia.

Embora instituições poderosas como o governo e a mídia dos EUA tivessem finalmente começado a reconhecer a Aids como a crise de saúde pública que de fato era, o medo e a ignorância continuavam a turvar a resposta. Muitas das pessoas que no início eram indiferentes à doença ficaram completamente histéricas no final dos anos 1980, espalhando ideias imbecis para domar a epidemia. O ícone conservador William F. Buckley sugeriu tatuar todos os que tivessem Aids. Ele queria marcar o antebraço dos usuários de drogas intravenosas e os traseiros dos homossexuais.[22] A versão mais "respeitável" da letra escarlate de Buckley exigia um teste obrigatório de HIV para todos os gays e outros indivíduos de "alto risco". Não importava o fato de que os testes de HIV nos anos 1980 frequentemente dessem falsos positivos. Ou que testes obrigatórios afastariam do sistema de saúde as pessoas que mais precisavam dele. Ou que praticamente todo alto oficial de saúde pública considerasse a ideia idiota. Testes obrigatórios eram o tipo de ideia simplista e direta que era possível vender a um público que estava justificadamente apavorado por uma doença que ele ainda não entendia, porque seu governo estava fazendo muito pouco para educá-lo, quanto mais lutar contra ela.

Por incrível que pareça, a ideia de testes obrigatórios foi desacreditada justamente por C. Everett Koop, o cirurgião-geral[†] arquiconservador de Ronald Reagan. Conhecido pelo público principalmente por sua posição antiaborto, o relatório de Koop em 1986 sobre a Aids foi uma revelação. Ele não apenas considerava os testes obrigatórios impraticáveis e contraproducentes, como clamava também por educação sobre a Aids o mais cedo possível e pela distribuição em massa de preservativos.[23] Aquilo foi inebriante. Com cinco anos de epidemia, o relatório do cirurgião-geral representava o primeiro grande esforço governamental para educar o público sobre a Aids. Os fundamentalistas ficaram furiosos com a discussão franca de Koop sobre a doença e o comportamento sexual que a espalhara, mas, para seu cré-

---

[†] O cirurgião-geral dos EUA, cargo nomeado pelo presidente, tem a missão de orientar as políticas de saúde pública do governo, bem como de educar o público americano em assuntos de saúde. (N.E.)

dito, ele se manteve fiel às suas conclusões. (É interessante observar como ponto de comparação que, um ano antes, o governo britânico havia distribuído informações sobre HIV/Aids a cada lar no Reino Unido.)

Em 1987, o presidente Reagan finalmente fez um discurso sobre a Aids. Foi, de modo geral, um discurso decepcionante, cheio de clichês e com poucos compromissos de ação. Mas no final, o presidente disse o que a nação precisava ouvir: "É também importante que os EUA não rejeitem os que têm a doença, mas sim cuidem deles com dignidade e carinho. [...] Esta é uma batalha contra a doença, não contra nossos compatriotas americanos".[24] Essas palavras teriam sido úteis em 1982, mas antes tarde do que nunca.

À medida que a administração Reagan acordava de seu longo sono em relação à Aids, a luta científica contra a doença também avançava. Em março de 1987, o primeiro tratamento a retardar a progressão da Aids foi aprovado pelo FDA. A droga, o AZT, era um antirretroviral que comprovou em testes clínicos o retardamento do início da Aids em pacientes HIV positivos. Pacientes que recebiam tratamento com AZT permaneciam HIV positivos – o remédio não era uma cura –, mas conseguiam viver um pouco mais com o vírus. A droga podia acrescentar alguns meses ou anos às vidas dos pacientes. E frequentemente provocava efeitos colaterais terríveis. Na verdade, os sintomas causados pelo AZT eram às vezes piores que os da própria doença. A anemia era debilitante; causava sintomas como os da hemofilia. Algumas pessoas deixavam de receber a droga porque era tóxica demais, mas com frequência isso causava uma disparada nos sintomas da Aids. Era um modo horrível de sobreviver. Eu me lembro de alguns dos meus amigos tomando AZT e sofrendo terríveis náuseas e vômitos. Alguns desenvolveram anemia. Mas após anos de puro desespero, o medicamento era um raio de esperança. Era algo que retardava a doença, e prometia a vinda de mais tratamentos.

Para muitos, contudo, o AZT chegaria tarde demais para fazer alguma diferença. Esse foi tragicamente o caso de Ryan White, como foi também para um dos meus melhores amigos, um homem que amei muito, e que foi amado por milhões de pessoas em todo o mundo: Freddie Mercury.

Freddie não anunciou publicamente que tinha Aids até o dia anterior à sua morte, em 1991. Embora ele fosse extravagante no palco – um artista eletrizante do mesmo nível de Bowie e Jagger –, era extremamente discreto fora dele. Mas Freddie me contou que tinha Aids logo após ter sido diagnosticado em 1987. Fiquei arrasado. Eu tinha visto o que a doença havia causado a tantos outros amigos meus. Eu sabia exatamente o que ela ia fazer a Freddie. Ele também. Ele sabia que a morte, uma morte agonizante, estava por vir. Mas Freddie foi incrivelmente corajoso. Ele manteve as aparências, continuou se apresentando com o Queen, e continuou sendo a pessoa engraçada, atrevida e profundamente generosa que sempre fora.

Ver Freddie piorando no final dos anos 1980 e no começo dos 1990 foi quase demais para suportar. Partiu meu coração ver essa absoluta luz no mundo sendo devastada pela Aids. No fim da vida, seu corpo estava coberto com lesões do sarcoma de Kaposi. Ele estava quase cego, e fraco demais até para ficar de pé.

Freddie teria todo o direito de passar esses últimos dias preocupado apenas com seu próprio conforto. Mas ele não era assim. Ele vivia verdadeiramente para os outros. Freddie morreu em 24 de novembro de 1991, e semanas após o funeral, eu ainda estava de luto. No Natal, descobri que Freddie havia me deixado um último testemunho de sua generosidade. Eu estava me lamentando quando um amigo inesperadamente apareceu à minha porta e me entregou algo envolto em uma fronha. Abri, e dentro estava um quadro de um de meus artistas favoritos, o pintor britânico Henry Scott Tuke. E havia um recado de Freddie. Anos antes, Freddie e eu demos apelidos um para o outro, nossos alter-egos *drag queens*. Eu era Sharon, e ele, Melina. O recado de Freddie dizia: "Querida Sharon, achei que você gostaria disto. Com amor, Melina. Feliz Natal".

Eu desabei, com 44 anos na época, chorava como uma criança. Ali estava este homem maravilhoso, morrendo de Aids, e em seus últimos dias, ele de alguma forma conseguiu pensar em um adorável presente de Natal para mim. Apesar de triste, esse momento sempre me vem à mente quando me lembro de Freddie, porque captura o caráter do homem. Na morte, ele me fez recordar o que o havia tornado tão especial em vida.

Freddie me tocou de uma maneira que poucas pessoas conseguiram, e sua luta corajosa e particular com a Aids é algo que me inspira até hoje. Mas sua doença, me envergonha admitir, não foi suficiente para me empurrar para uma ação maior. Eu protestei veementemente contra o governo e líderes religiosos que eram indiferentes ou que ativamente enfraqueciam a luta contra a Aids. Eles mereciam cada crítica de minha parte. Eles poderiam ter feito muito mais.

Eu também poderia ter feito muito mais.

Como eu disse, fui terrivelmente ausente no começo da luta contra a Aids. Como grande parte do governo estava dormindo no volante, ativistas de base conduziram o caminho. Americanos comuns como Larry Kramer, que simplesmente não desistiam, não se calavam sobre a crise em suas comunidades. Pessoas como Elizabeth Glaser, a grande defensora da pesquisa pediátrica da Aids, cuja determinação forçou as pessoas no poder a prestarem atenção à doença. Mas a mais famosa, e uma das primeiras a se manifestar em defesa das pessoas com HIV/Aids foi minha querida amiga Elizabeth Taylor.

Elizabeth era a estrela mais brilhante de Hollywood, uma das maiores celebridades do mundo. Todo mundo a considerava linda, elegante e cheia de classe, e ela certamente era tudo isso. Mas ela também estava disposta a colocar a mão na massa. Ela estava disposta a defender os gays quando poucos o fariam. Ela estava disposta a entender os meandros políticos da Aids e a lutar pela causa, sem um momento de hesitação ou preocupação com a própria reputação.

Quando Rock Hudson anunciou que tinha Aids, Elizabeth ficou ao seu lado e o apoiou em público. Já em 1986 ela falou ao Congresso, pedindo mais financiamento para pesquisas emergenciais sobre a Aids. E Elizabeth ajudou a tornar a luta contra a Aids global, discursando em um evento beneficente em prol da luta contra a Aids na Tailândia em 1989, o primeiro do tipo no Sudeste Asiático. Muitas pessoas dão crédito a Elizabeth por ter convencido pessoalmente o presidente Reagan a falar em público sobre Aids em 1987. Talvez a contribuição mais importante tenha sido seu apoio à dra. Mathilde Krim, que, com a ajuda de Elizabeth, tornou a amfAR uma organização mundial focada em pesquisas biomédicas em HIV/Aids. Até hoje, é uma das principais organizações contra a Aids no mundo.

Outra amiga maravilhosa que ajudou a mudar a percepção pública da Aids foi a princesa Diana. Diana e eu éramos muito próximos, não apenas em nossa amizade, mas também em nossa visão de mundo. De fato, nosso relacionamento brotou do fato de compartilharmos os mesmos valores, o mesmo senso de humor e o mesmo amor e conexão com a humanidade. Diana era uma das pessoas com mais compaixão que conheci na vida, e ela usava seu imenso púlpito para comunicar o poder do amor e da compreensão.

Quando a epidemia de Aids chegou, assim como Elizabeth, Diana estava entre as primeira figuras globais a se manifestar. Ela fez mais que isso, na verdade. Ela estendeu a mão, literalmente, às pessoas com HIV/Aids. Em 1987, Diana inaugurou a primeira ala de hospital dedicada à Aids na Grã-Bretanha. Relatos dela apertando a mão de pacientes de Aids rodaram o mundo, e muito se falou sobre o fato de ela não estar usando luvas. Na época, muitos ainda tinham medo de ter qualquer tipo de contato com pessoas com HIV/Aids. Diana, com um simples mas profundo gesto de humanidade, ajudou a acalmar a histeria e corrigir a desinformação em torno da doença.

Nos anos seguintes, Diana continuou a promover a conscientização sobre a crise da Aids, e fotos dela tocando e interagindo com pacientes soropositivos ajudaram muito a acalmar medos irracionais que persistiam. Na verdade, ela nunca parou de defender as pessoas com HIV/Aids. Em 1997, um pouco antes de sua morte trágica, Diana e eu havíamos conversado sobre ela ter um papel ativo em minha fundação como embaixadora global de nosso trabalho. Ela se reuniu com minha equipe, e estávamos todos extasiados com a perspectiva de trabalharmos juntos. Se ela não tivesse sido tirada de nós tão cedo, sei que teria continuado a causar um grande impacto na luta contra a doença.

Princesa Diana, Elizabeth Taylor, Elizabeth Glaser, Mathilde Krim, Larry Kramer – estes são meus heróis, entre muitos outros.

Eles trabalharam duro e realizaram muito quando foi mais necessário. Eu devia ter estado ao lado deles, seguindo seus exemplos. Hoje, tudo que posso fazer é seguir seus passos. Mas na época, nos anos 1980, eu poderia ter causado um impacto no começo da luta, como eles. Eu era um grande astro. Eu tinha muito dinheiro. Eu tinha amigos poderosos. E eu era gay.

Às vezes, gosto de brincar dizendo que sou a face aceitável da homossexualidade, um tipo meio "tiozinho", não ameaçador, alguém que sua mãe não se importaria de receber para jantar. Se eu tivesse sido um defensor mais comprometido daqueles com HIV/Aids nos anos 1980, talvez eu pudesse ter diminuído, só um pouquinho, o estigma ou o sofrimento de algum gay menos afortunado em São Francisco, Dallas ou Dublin. Talvez não. Mas eu poderia ter tentado, pelo menos.

Em vez disso, passei os anos 1980 afundando ainda mais em um vício em drogas que começou em 1974, quando estava gravando meu álbum *Caribou* no Colorado. Embora na época já fosse um total astro do rock há alguns anos, eu mal tinha ideia do que era cocaína. Eu era incrivelmente inocente. Lembro-me de ir para o fundo do estúdio um dia, ver uma carreira de pó branco na mesa, e perguntar ao meu empresário: "Que diabos é isso?". Ele me disse que era cocaína. Resolvi dar uma cheiradinha.

Conheci algumas pessoas que conseguiam usar cocaína casualmente uma vez por mês. Eu não era uma dessas pessoas. Nos anos 1980, eu já estava completamente viciado em pó, álcool e depois comida. Depois virei bulímico também. Eu era culpado de cada um dos sete pecados capitais, exceto preguiça. Não importa o quanto piorei, nunca perdi minha ética de trabalho ou meu amor pela música.

Mas eu havia me tornado insensível a tudo mais. Meus amigos morriam a torto e a direito de Aids. Eu ia aos funerais. Eu chorava. Lamentava-me, às vezes por semanas. Nada daquilo mudou meu comportamento. Na verdade, só o piorou. Eu usava mais drogas para bloquear o horror de tudo aquilo. Eu dormia com todo mundo sem proteção, aumentando drasticamente as chances de contrair a mesma doença que vinha matando as pessoas mais próximas a mim. É um grande milagre eu mesmo jamais ter contraído HIV.

Eu era extremamente egoísta e autodestrutivo. Eu mal conseguia me segurar, quanto mais sair por aí junto com as Elizabeth Taylors do mundo como um defensor da Aids.

Foi necessária a morte de Ryan para me acordar, para transformar minha vida.

3
Começar de novo

Voltei a Londres após o funeral de Ryan e me tranquei em casa, como tinha se tornado meu costume mesmo antes de sua morte. Eu chegara ao ponto onde não sabia mais como falar com alguém a menos que estivesse com o nariz cheio de cocaína e o estômago cheio de bebida. E cada vez mais, nem isso era suficiente.

Eu me lembro de assistir à TV alguns dias após o funeral; estavam transmitindo um tributo a Ryan, reprisando a missa funerária. Fiquei ali, assistindo a mim mesmo na tela em um dos pontos mais baixos da minha vida. Eu estava com uma aparência horrível. Meu cabelo estava branco, minha pele, pálida. Eu estava inchado e estufado. Eu parecia cansado, doente e abatido. Ver a mim mesmo daquele jeito no funeral de Ryan foi demais para mim. Eu havia sido dominado pelo vício; estava completamente fora de controle. Francamente, eu parecia um Elvis Presley que tocava piano. O mais estragado que já estive. Não havia discussão: ou eu mudava, ou morreria. Mesmo naquela situação, eu sabia que essa era a verdade.

E eu *queria* desesperadamente mudar. Lembro-me de muitos dias em que eu ficava apenas sentado, sozinho em meu quarto, bebendo, cheirando, sem controle, ouvindo Peter Gabriel e Kate Bush cantando "Don't Give Up" repetidamente.

In this proud land we grew up strong
We were wanted all along
I was taught to fight, taught to win
I never thought I could fail
No fight left or so it seems
I am a man whose dreams have all deserted
I've changed my face, I've changed my name
But no one wants you when you lose.

[Nesta terra orgulhosa crescemos fortes
Nós éramos queridos
Aprendi a lutar, aprendi a vencer
Nunca pensei que pudesse falhar
Sem energia para a luta, ao que parece
Sou um homem cujos sonhos todos desertaram
Mudei meu rosto, mudei meu nome
Mas ninguém quer um perdedor.]

"Ninguém quer um perdedor." Essa frase sempre me afetava. Eu escutava essa letra, e depois chegava o refrão – "Não desista", eles cantavam, e eu chorava só de pensar. Eu não queria desistir, mas a cada grama de cocaína eu afundava cada vez mais dentro do buraco. Eu pensava: "Vou ficar bem algum dia. Eu vou. Eu vou. Eu odeio esta vida. Eu me odeio. Odeio o que me tornei". Mas eu não conseguia – ou devo dizer, não queria – pedir ajuda.

Todo mundo tentou me fazer parar. E eu agradeço enormemente por isso agora, de verdade. Mas na época isso me enfurecia. Muitas pessoas na minha vida na época tiveram de aguentar minha fúria, minha negação, minha recusa em ouvir. Eu sabia que era um imbecil. Eu sabia que tinha um problema. Mas eu acreditava, totalmente equivocado, que era inteligente o bastante e rico o bastante e famoso o bastante para conseguir controlar tudo sozinho. Claro, quanto mais eu achava isso, pior eu ficava.

Algumas pessoas chamam a isso de "fundo alto". É o que acontece quando você chega ao fundo do poço, mas não está realmente na sarjeta. É onde eu estava. Eu era bem-sucedido. Eu era rico. Eu tinha um namorado na época, Hugh Williams, que me amava, e eu a ele. Eu tinha o respeito e a admiração de estranhos. Era a vida que eu sempre quis – ou, pelo menos, algo próximo disso. "Como eu poderia estar no fundo do poço", uma voz no fundo da minha cabeça dizia, "se estou no topo do mundo?"

Mas eu estava. As drogas tinham tomado conta da minha vida. Assim como o álcool. E a comida. Minha auto-obsessão se transformara em uma autoestima incrivelmente baixa. Eu não conseguia mais controlar nada. Como eu agia, ou o que eu tomava, ou o que eu comia. A única coisa que eu conseguia controlar era se mantinha tudo no estômago ou não. Então, além de abusar de cocaína, álcool e comida, eu provocava vômitos. Depois repetia tudo de novo. Eu era um viciado. Eu era bulímico. E tudo estava piorando. A cada dia, eu pensava em quanto eu queria mudar. Mas a cada dia, a decepção por não ter mudado me levava a usar mais. Era um ciclo muito, muito amargo.

Eu lembrava constantemente de Ryan, de como ele ficaria desapontado comigo, vivo e capaz de fazer tantas coisas boas no mundo, mas em vez disso escolhendo satisfazer meus piores desejos a cada oportunidade. Até hoje, fico imensamente aliviado por ele nunca ter conhecido esse meu lado. Eu não quero imaginar o peso de seu desapontamento. Melhor pensar em como eu sei que ele estaria orgulhoso se pudesse ver como mudei. E o quanto ele me mudou.

Semanas se passaram, e as coisas não melhoraram. Então um dia – lembro como se fosse ontem – Hugh me disse que iria para uma clínica de reabilitação. Ele não queria mais ser um viciado em drogas, disse. Ele não queria mais essa vida. Ele precisava de ajuda, e não conseguiria sozinho. Em retrospecto, eu deveria ter ficado orgulhoso dele pela imensa coragem da decisão. Eu devia tê-lo apoiado. É claro que não foi isso que eu fiz. Eu fiquei furioso.

Devo dizer que eu tinha, e às vezes ainda tenho, um gênio horrível. Que ficou pior por eu estar em uma fase muito ruim, e que Hugh chamar a si mesmo de viciado em drogas era como dizer que eu também era. E embora eu *fosse* mesmo, como ele ousava dizer isso! Então disse algumas coisas horríveis a Hugh – coisas que eu gostaria de poder esquecer ter dito, coisas que ninguém deveria ter de ouvir. Graças a Deus, não foi o suficiente para impedi-lo. Hugh foi para a reabilitação naquele dia. Eu, por minha vez, me recolhi ainda mais em meus vícios.

Fui para a minha casa em Londres e cheirei substancialmente durante uma semana. Trancado em um quarto com minha cocaína e minha teimosia. Na verdade, por mais que eu tentasse me convencer de que Hugh havia *me* traído – que ele havia *me* abandonado, que era culpa *dele*, que *ele* estava errado – eu sabia o quanto aquilo era ridículo. Eu era o verdadeiro culpado. Além disso, eu amava muito Hugh, e sentia muita falta dele. Eu estava sozinho com meus vícios, minha autopiedade, meu autodesprezo. É impossível ficar mais sozinho que isso.

Um dia, consegui de algum jeito reunir coragem para tentar achar Hugh. Entrei em contato com o ex-namorado dele, Barron Segar, que agora trabalha na Elton John AIDS Foundation (engraçado como o mundo dá voltas), e ele conseguiu achá-lo em uma casa de recuperação em Prescott, Arizona.

Ainda me lembro de como eu estava nervoso quando liguei para ele. Achei que ele poderia me odiar pelas coisas que eu havia dito, pelo jeito como eu havia agido. Ele deveria. Eu não o teria culpado por isso. O que piorava a situação era saber que ele estava em recuperação, e provavelmente não iria querer se associar a alguém que ainda era usuário. É uma das coisas que eles recomendam. Que você não pode ficar perto desse tipo de coisa. E "esse tipo de coisa" era eu. Mesmo assim, eu precisava tentar.

Meus dedos tremiam enquanto discava o número de telefone. E então, ali estava ele, finalmente do outro lado da linha. Eu lhe disse que queria ir vê-lo, que eu precisava vê-lo. "Ouça," ele disse, "você pode vir me ver, mas precisa conversar com meu orientador pelo telefone primeiro. Há algumas coisas que quero dizer a você, que devem ser ditas. Eu terei um orientador e você terá outro, e nós vamos sentar e conversar."

Concordei. "O que for preciso", pensei. Liguei para o orientador de Hugh, que disse que eu poderia visitá-lo, mas antes disso, eu precisaria escrever as três coisas que eu mais detestava em Hugh. E ele faria o mesmo. Sentaríamos frente a frente e discutiríamos nossas listas.

Eu sabia o que ia acontecer. Seria um tipo de intervenção. Algum tempo atrás, não muito antes dessa ligação, eu teria simplesmente desligado o telefone. Mas dessa vez era diferente. Eu sabia que isso precisava acontecer, seja o que fosse, da forma que fosse.

Mais tarde naquela semana, fui para o Arizona. Cheguei ao hotel em Prescott e subi até o quarto. Bati na porta e esperei com intensa ansiedade que alguém a abrisse. A porta se abriu, e ali estava ele. Ali estava Hugh. Ele parecia absolutamente apavorado em me ver. Os dois orientadores estavam lá também. Hugh me convidou para entrar e me apresentou a eles. Um deles pediu para que eu me sentasse diretamente de frente para Hugh, e me disse que durante o tempo todo, precisávamos olhar um nos olhos do outro. Pediram para que eu fosse primeiro; eu deveria ler minha lista de três coisas de que não gostava em Hugh.

"Você é bagunceiro", eu disse. "Você não coloca o CD de volta na caixa quando termina de escutar. E você deixa as luzes acesas quando sai de um quarto." Essa era minha lista. Foi tudo que consegui pensar.

Então foi a vez de Hugh. Ele tirou o seu papel do bolso, e eu podia ver que ele tinha escrito uma página inteira. Eu não me lembro de tudo que ele disse, mas eu nunca vou me esquecer desta parte: "Você é viciado em drogas. Você é alcoólatra. Você é viciado em comida. Você é bulímico. Você é viciado em sexo. E você é codependente". A voz dele tremia enquanto dizia isso. Ele devia estar apavorado sobre como eu iria reagir. Conhecendo meu gênio, ele deve ter achado que eu iria mandá-lo à merda. "Como você ousa falar assim comigo!", ele deve ter me imaginado dizendo.

Mas fiquei quieto. Permaneci sentado e aguentei. Eu estava assustado também. Eu tremia tanto quanto ele. Mas continuei dizendo para mim mesmo: "Você tem que ficar aqui e você precisa ouvir isto. Você precisa ouvir a verdade".

"Você precisa de ajuda," disse Hugh. Essa era a última frase em sua página, e depois houve silêncio. Era minha vez de responder. Era o ponto crucial de toda minha existência, ali naquele quarto de hotel em Prescott. Eu tinha uma escolha, e o que se seguiu honestamente mudou minha vida para sempre.

"Você tem razão," eu disse entre lágrimas. "Você está certo. Eu irei a algum lugar. Eu vou procurar ajuda."

Naquele momento, minha alma voltou à vida. Eu conseguia sentir. É estranho dizer, mas era como se minha chama piloto tivesse se acendido de novo. Em vez de medo, senti alívio. Em vez de ansiedade, senti calma. Era como se Ryan estivesse me mandando uma mensagem, me avisando que tudo ficaria bem. Aprendi que você deve ouvir essas mensagens no momento em que são enviadas, exatamente como a mensagem que recebi no leito de morte de Ryan, apenas dois meses antes. Desta vez, eu estava pronto. Eu estava pronto para mudar.

Imediatamente, liguei para meu médico. Se eu ia me tratar, teria de acontecer naquele momento, e em meus termos. Mas isso seria um desafio à parte. Acontece que, na época, não havia muitos lugares que tratassem homens com distúrbios alimentares. Na época, homens representavam apenas 10% das pessoas com esses distúrbios. Simplesmente não era considerado um problema sério. O que tornou a situação ainda mais difícil era que havia ainda menos clínicas de reabilitação dispostas a tratar problemas múltiplos ao mesmo tempo. Diagnósticos duplos eram desencorajados, por razões com as quais ainda não concordo. A maioria dos centros de tratamento esperava que você fosse a um lugar pra se tratar do distúrbio alimentar antes de ir a outro para se tratar do vício em drogas, e depois outro para alcoolismo. Isso não era aceitável para mim. Eu tinha muita certeza na época (e ainda tenho) de que todos meus problemas tinham a mesma raiz, e que eu não poderia tratar um sem tratar de todos. Por sorte, encontramos um lugar em Chicago que me receberia e trataria todos os meus vícios de uma vez: o Parkside Lutheran Hospital.

Menos de três meses depois da morte de Ryan, eu estava em um voo para Chicago, determinado a mudar minha vida. Entrei numa clínica de reabilitação em julho de 1990, e tenho um orgulho imenso em dizer que estou sóbrio desde então.

Minha temporada no Parkside Lutheran foi tão desafiadora quanto transformadora. Os primeiros dias foram especialmente difíceis. Quando você priva seu corpo de cocaína após ter usado muito e com muita frequência, como eu tinha feito, o desejo é inconcebivelmente enorme. Passei por surtos de extrema ansiedade e irritabilidade. Não conseguia dormir. Não conseguia pensar em nada além de meu próprio sofrimento. Isto piorava quando somado ao fato de que eu havia parado de usar não apenas cocaína, mas tudo com que eu me automedicava: bebida, comida, sexo. Eu estava deprimido e sozinho. Sentia-me nauseado, fraco e confuso. Desnecessário dizer, os primeiros estágios da recuperação foram alguns dos períodos mais duros da minha vida.

A parte mais importante do meu período de reabilitação foi, para todas as pessoas com quem eu interagia, eu não ser Elton John, o astro do rock. Eu era apenas Elton. Elton, o viciado. Por anos, achei que minha posição na vida havia me dado as ferramentas de que eu precisava para me ajudar. Eu achava que eu tinha uma situação melhor para superar o que as outras pessoas não podiam. Como eu estava errado.

A partir do momento em que entrei naquele hospital, o campo estava nivelado. Éramos todos iguais. Viciados sofrendo e lutando, que queriam melhorar, mas não sabiam se conseguiriam. Éramos todos gente que havia feito escolhas erradas e visto as consequências, mas depois repetido as mesmas escolhas novamente, apesar de tudo. E repetimos, de novo e de novo. A verdade de tudo era simples: não importa de onde vínhamos, o que tínhamos alcançado ou falhado em alcançar, quais eram nossas experiências de vida até aquele ponto, éramos todos iguais. E nenhum de nós melhoraria sem pedir ajuda a outros.

O caminho para a recuperação não foi uma linha reta, de forma alguma. Eu me lembro de forma bem clara, em várias ocasiões, de querer desesperadamente fugir. Por duas vezes cheguei muito perto de fazer isso. Não é que simplesmente parecia ser o caminho mais fácil; era categoricamente mais fácil. Eu poderia ter partido, tomado um voo de volta a Londres, e voltado para o meu quarto, com o alívio que viria com a cocaína e um drinque. Se não fosse por Ryan e Hugh, eu sem dúvida teria fugido.

Graças a Deus, eu fiquei. Com o tempo, ficou mais fácil. Eu conseguia sentir uma transformação genuína dentro de mim. Eu estava me esforçando, e eu podia sentir que estava mudando. Cada dia sóbrio era um desafio, mas era revigorante sentir que eu estava recobrando o controle da minha vida, minha direção, minhas escolhas. E eu diria que o maior condutor do meu progresso foi a incrível gentileza dos estranhos que conheci na reabilitação.

As pessoas eram notavelmente prestativas. Elas pareciam estar dispostas a fazer qualquer coisa por mim, mesmo sem me conhecer. Elas conversavam comigo, me encorajavam, me ouviam. Eu ainda me emociono quando penso em todos os amigos que fiz ali, pessoas que vinham e me faziam companhia durante uma reunião ou após as reuniões. Elas me ligavam para ver como eu estava. Eu estava rodeado por inúmeros atos de bondade humana. Isso me trouxe de volta à vida. Eu realmente acredito nisso. Enorme empatia. Enorme solidariedade. E como vinha de pessoas que haviam passado por aquilo que eu estava passando, que eram exatamente como eu, era fácil aceitar seu abraço. Antes da reabilitação, eu diria àqueles que tentavam me ajudar: "O que você sabe? Você não entende". Mas aquelas pessoas, elas entendiam. Elas realmente entendiam. Não importava a religião ou partido político ou sua criação. Isso nunca, nunca fez diferença. Elas estavam apenas ajudando um companheiro. E eu tive sorte de ser esse companheiro.

Havia uma incrível dignidade no processo, uma quantidade extraordinária de humanidade, e me sentir assim quando eu estava mais vulnerável foi inesperado e bom. Eu falei muito. Mas na maior parte do tempo eu ouvia. E passei um longo tempo lá, às vezes me esperneando e berrando pelo caminho. Mas fiz o que me mandaram. Aceitei a ajuda e direção dos outros. E funcionou. Ninguém pode alterar seu comportamento instantaneamente. Não dá para mudar da noite para o dia. E mesmo assim, você *pode* mudar. É possível. Mas é necessário reaprender a ser um ser humano primeiro.

Seis semanas após entrar no programa, fui liberado. Era setembro de 1990. Voltei para Londres. Havia um monte de gente que queria me ver voltar imediatamente aos palcos, continuar com a vida que eu havia deixado para trás com a reabilitação. Optei, em vez disso, por tirar um ano inteiro de folga. A recuperação, como me disseram e como aprendi desde então, é um longo processo. Não termina após seis semanas. Não termina quando você deixa o hospital. Ela nunca termina. Ela exige esforço árduo e constante. Pela primeira vez na minha vida, eu me dedicaria a melhorar a mim mesmo. Quando voltasse à minha carreira, queria fazê-lo verdadeiramente transformado. Afinal de contas, esta foi uma segunda chance que eu não fiz por merecer. Pela memória de Ryan, eu não podia desperdiçá-la.

4
Dando a partida

Vários meses depois de voltar a Londres, decidi me mudar para Atlanta. Eu queria voltar para os Estados Unidos, um país que tinha sido bom para mim, mas senti que deveria evitar Los Angeles e Nova York, onde a tentação poderia me vencer. Durante este período, a primeira coisa que eu queria era continuar a melhorar. E a segunda que eu queria – tanto quanto a primeira, na verdade – era retribuir.

Na sobriedade, eu era constantemente lembrado do bem que poderia estar fazendo para ajudar os que tinham HIV/Aids – meus amigos, pessoas como eles, pessoas como eu – e do quão pouco eu tinha realmente feito. Havia muitos gestos potenciais de generosidade que eu deixei passar em troca de outra carreira de pó ou outro drinque. Eu havia tido sorte em emergir dos anos 1980 sem contrair HIV. E eu tinha ainda mais sorte de ter saído do tratamento com saúde e capaz de fazer algo significativo com minha vida. Eu devia muito a muitas pessoas – Ryan, Jeanne, Andrea, Hugh – mas até aquele momento, eu simplesmente não tinha cumprido. Era hora de fazer algo a respeito.

O primeiro passo foi literalmente pequeno, mas inspirador. Hugh estava em Atlanta comigo, e nós dois participamos da Aids Walk Atlanta. Creio que tenha sido a primeira caminhada para a Aids da cidade, e milhares de pessoas participaram. Eu estava muito feliz de ser uma delas. Conscientizar sobre a causa é um aspecto crítico da luta contra a Aids hoje, e era ainda mais em 1990. A massa de gente ocupando as ruas causou uma grande impressão – em mim e no público – e fiquei emocionado em me levantar e estar ali naquele dia. Também fiquei incrivelmente comovido. Ali estava eu, na rua, cercado por pessoas que haviam sido impactadas diretamente pela epidemia da Aids. Algumas delas eram soropositivas. Ou, como eu, tinham amigos e familiares que haviam morrido por conta da doença. Para o mundo exterior, a Aids Walk deu um rosto à epidemia. Para mim, ela cristalizou a necessidade de me envolver de forma mais pessoal.

Logo depois, comecei a trabalhar como voluntário em uma organização maravilhosa em Atlanta chamada Projeto Open Hand, uma organização sem fins lucrativos que providenciava a entrega de refeições caseiras para pacientes de Aids em toda Atlanta. Meu querido amigo John Scott e eu circulávamos de carro por toda a cidade para entregar refeições a pessoas que não podiam sair de casa por estarem doentes demais. Nunca esquecerei a tragédia que testemunhamos durante este trabalho. O estigma na época era penoso. Se você tinha Aids, você era ostracizado pela maioria da sociedade, ponto final, exatamente como Ryan tinha sido rejeitado pela sua comunidade em Kokomo. Em Atlanta, e em todos os Estados Unidos, as pessoas estavam contraindo HIV e perdendo seus empregos, seus seguros, seus amigos; até suas próprias famílias se afastavam. Pessoas com HIV/Aids estavam sozinhas em todos os sentidos. E quanto mais doentes ficavam, mais difícil se tornava sair de casa. O estigma associado com a doença era tão intenso que se alguém com Aids em estado avançado tivesse uma emergência médica e precisasse ir ao hospital – como invariavelmente acontecia no começo da década de 1990, antes que tratamentos eficazes estivessem disponíveis –, alguns funcionários do pronto-socorro chegavam a recusar-lhes o atendimento. As pessoas a quem entregávamos refeições tinham sido literalmente trancadas para fora do mundo, e como resultado, muitos se trancaram em suas casas – um recolhimento não por escolha, mas por circunstâncias injustas.

Havia algo no trabalho voluntário que me lembrava dos estranhos que conheci durante o tratamento. Para as pessoas que visitávamos, eu não era uma celebridade. Alguns devem ter me reconhecido, e me lembro de alguns olhares espantados quando eu passava pela porta trazendo uma refeição quente. Mas para a maioria, eu era apenas um raro rosto amigo, vindo para uma curta interação social, oferecendo comida e um pouco de conforto. Era também um lembrete de como as coisas eram difíceis para as pessoas que estavam morrendo de Aids – um reconhecimento de que isso era resultado não apenas da doença, mas também da resposta da sociedade à doença. Algumas pessoas a quem John e eu levamos comida abriam suas portas e ficavam felizes em nos ver. Outras abriam suas portas apenas o suficiente para receber o que oferecíamos, agradeciam rapidamente e se trancavam de novo. E, tristemente, havia ainda os que tinham se fechado por completo para o mundo que os havia traído. Para essas pobres almas, deixávamos a comida na soleira. Tocávamos a campainha, mas ninguém atendia.

Imagino que todos para quem já entreguei comida estejam mortos. Ainda sou assombrado pela ideia de quantas boas pessoas inocentes sofreram mortes horríveis completamente sozinhas naqueles anos.

Trabalhando como voluntários para o Projeto Open Hand, John e eu estávamos fazendo uma pequena diferença. Mas eu queria fazer mais. Eu *tinha* de fazer mais. Pessoas estavam morrendo. Pessoas como *eu* – gays, viciados ou em recuperação, meus amigos, amigos de meus amigos. Era uma atrocidade, e eu não ia mais ficar sentado sem fazer nada.

John e eu logo nos envolvemos com outras organizações na cidade. Descobrimos o Grady Ponce De Leon HIV Center em Atlanta, uma instituição cujo objetivo era identificar todas as oportunidades existentes para pessoas com HIV, fosse cuidado para indigentes, cuidados críticos ou outros serviços sociais. O programa ajudava as pessoas em tudo, desde encontrar um médico até solicitar o seguro-desemprego após perder o trabalho. Tive a honra de cortar a fita na inauguração do centro e divulgar que este recurso incrível estava disponível para a comunidade soropositiva de Atlanta.

E depois, em outubro de 1992, Elizabeth Taylor me convidou para me juntar a ela em um concerto beneficente no Madison Square Garden para arrecadar fundos para pesquisa de HIV/Aids. Como eu disse antes, Elizabeth foi uma pioneira na luta contra a Aids e uma das minhas amigas mais próximas. Concordei imediatamente. Acabou sendo um belo evento, e levantamos bastante dinheiro para a causa. Também foi o catalisador final para uma das decisões mais importantes que tomei na vida – a decisão de começar uma fundação dedicada à luta contra a Aids.

Várias coisas que levaram ao concerto beneficente e que aconteceram depois dele me impressionaram. Primeiro, ficou claro que é possível usar a fama e celebridade não apenas para levantar uma quantidade considerável de dinheiro, mas também para conscientizar, algo crucial para quebrar o estigma que havia crescido violentamente a respeito da epidemia de Aids. Porém, em segundo lugar, por mais eficientes e importantes que fossem os concertos beneficentes individuais, o processo me parecia fragmentado. Quando alguém como Elizabeth Taylor mobilizava as tropas, todos ficávamos, evidentemente, felizes em responder ao chamado. E o dinheiro levantado em tais eventos ia diretamente para a luta contra a doença. Mas faltava algo: havia uma falta geral de coordenação. Um lugar único onde o dinheiro poderia ser reunido e gasto estrategicamente seria mais eficiente e eficaz. Desse modo, pensei, poderíamos maximizar o valor do nosso dinheiro.

Também percebi que a maior parte do dinheiro arrecadado e usado na luta contra a Aids estava sendo direcionada para a procura de tratamento e, esperançosamente, uma cura. Não há dúvida de que, devido à negação inicial do governo e ao subsequente financiamento modesto para a pesquisa, esta deveria ser a prioridade – e a amfAR estava fazendo um excelente trabalho preenchendo a lacuna. Especialmente naquela época, o começo dos anos 1990, quando estávamos convencidos de que a maior esperança para uma cura estava na mente dos cientistas pesquisadores em laboratórios ao redor do mundo.

Mas havia outros aspectos da doença que pareciam, em grande parte, subfinanciados e ignorados: ajudar as pessoas a se proteger do HIV em primeiro lugar, e ajudar os HIV positivos a viver melhor e morrer com dignidade. Isso significava mais do que novos remédios, que, repito, eram essenciais. Também significava transporte até o hospital ou a farmácia para medicamentos. Significava acesso a médicos, nutrição e orientação. Significava educação e programas de prevenção. Significava ensinar às pessoas a importância da camisinha, sobre como a doença é e, mais importante, como ela não é transmitida. Significava esforços para eliminar o estigma e a discriminação, e significava apoio médico, legal e habitacional para populações altamente marginalizadas, aquelas que estavam sofrendo mais que todos, mas haviam sido abandonadas por uma sociedade que preferia ignorar a realidade a confrontá-la. Significava, finalmente, reconhecer que pessoas estavam sendo forçadas a sofrer tanto emocional como fisicamente. Tudo isso tinha de mudar.

Enquanto eu tinha estas epifanias, alguns dias após o concerto organizado por Elizabeth, a ideia tomou forma em minha mente. Liguei para John. "Vou criar uma fundação de combate à Aids", eu disse, "e quero que você a administre." John concordou, e dois meses depois a Elton John AIDS Foundation – EJAF – abriu as portas.

Ou melhor, "a porta". A porta da casa de John, na verdade. Era de se pensar que a fundação de uma celebridade teria escritórios luxuosos, chofres e uma máquina de cappuccino. Mas não tínhamos nada disso, e ainda não temos. Além disso, fundações de celebridades em 1992 eram raras, e fora a fundação de Elizabeth Taylor, elas não se concentravam na Aids. Ninguém estava fazendo nada parecido na época. Então improvisamos. John gerenciou a organização durante dois anos da sua mesa de café da manhã em Atlanta. Virginia Banks, que trabalhava em minha equipe em Los Angeles, tornou-se a secretária da fundação e braço direito de John. Pedi à minha assessora de imprensa, Sarah McMullen, que fizesse jornada dupla, trabalhando tanto como minha guru de RP como captadora de recursos da fundação. Graças a Deus, ela aceitou. E era isso. Apenas nós quatro e um incrível conselho de diretores. Até hoje, continuamos a tocar a fundação com uma equipe mínima.

Quando começamos, não tínhamos qualquer experiência ou infraestrutura, apenas a sensação de absoluta urgência, o sentimento de que nenhum esforço seria suficiente. E não era apenas nossa sensação; era a realidade da epidemia naqueles dias. Você não pode imaginar a magnitude do sofrimento humano – físico e psicológico – que a doença causava na época. Então não havia tempo a perder. A EJAF foi criada como uma resposta de emergência. E eu não fazia ideia de que a fundação ainda seria necessária duas décadas depois. Por pior que as coisas estivessem em 1992, muitos de nós achavam que havia uma cura no horizonte, que algum cientista brilhante dominaria o código do vírus para que pudéssemos destruí-lo, que poderíamos fechar a fundação e declarar vitória em alguns anos. Vinte anos se passaram, e essas esperanças soam dolorosamente ingênuas. As barreiras para uma cura eram muito maiores que qualquer um de nós poderia saber na época.

Ao formular nossa estratégia de resposta, fizemos duas perguntas importantes: como definiríamos a missão da fundação? E como transformaríamos nossas ideias em ações o mais rapidamente possível?

Pode soar estranho, mas as soluções foram amplamente conduzidas pelas lições que aprendi na reabilitação. Para melhorar, eu tive de confrontar a realidade de minha própria vida e mudá-la. Isso exigiu autorreflexão. Exigiu disposição a ser honesto comigo mesmo. Senti que esse confronto com a realidade, essa honestidade, tinha de ser parte de como minha fundação lidaria com a epidemia. Precisávamos encarar os fatos.

Claro, as realidades da Aids eram – ainda são – muito desconfortáveis para muita gente. A doença existe em todas as populações, mas se concentra fortemente em populações marginalizadas, em pessoas para as quais a sociedade acha terrivelmente fácil virar as costas: a comunidade gay, profissionais do sexo, usuários de drogas, os miseráveis e sem instrução. Se quiséssemos ser honestos sobre a doença, precisávamos ter como alvo as populações que estavam sofrendo com ela, a despeito de quão desconfortável isso deixasse as pessoas.

Eu não ia fugir disso. Porque, adivinhe só? As pessoas sobrevivem nas ruas vendendo sexo. Pessoas usam drogas. Isso não vai mudar porque resolvemos não vê-los. E eu sabia, por experiência própria, que todo mundo merece o mesmo nível de dignidade e humanidade. Afinal de contas, eu mesmo era um viciado em recuperação. Quem era eu para me sentir superior a qualquer um? Não me sentia, e ainda não me sinto. O essencial é que somos todos humanos, e todos merecemos ser ajudados e amados. Eu estava determinado a infundir esses valores em minha fundação. Até hoje, o que conduz nosso trabalho é sobretudo a ideia de que todas as pessoas com HIV/Aids merecem dignidade e solidariedade.

Eu também estava decidido a ter uma relação com nosso trabalho na prática. Eu não estava interessado apenas em emprestar meu nome para a causa, ou cantar algumas canções no palco de vez em quando. Eu tinha mais a dar do que isso: queria dar minhas ideias e minha energia. Queria dar meu tempo. Senti que aquilo ia ser uma grande prioridade na minha vida, tanto quanto minha carreira.

Para começar, queríamos nos concentrar nas grandes necessidades básicas – verdadeiramente básicas –: comida, abrigo, transporte, cuidados médicos, educação, apoio jurídico e orientação. Estas eram as coisas que John e eu vimos em primeira mão que faltavam, o tipo de coisas que sabíamos que poderíamos melhorar. A missão que escolhi era fornecer financiamento para programas básicos, com o objetivo final de reduzir a incidência de HIV/Aids, eliminando o estigma e a discriminação associada com a doença, e fornecendo tratamento direto e serviços de assistência a HIV positivos para permitir que vivessem com dignidade.

Ao longo do primeiro ano, todos os elementos cruciais se uniram para a organização. Eu cobri os custos operacionais inicialmente, para que cada dólar que arrecadássemos fosse encaminhado para serviços. Mas havia uma necessidade tão esmagadora que nos fazia sentir como se não conseguíssemos – e não conseguiríamos nunca – movimentar o dinheiro rápido o bastante. Tudo que fazíamos, cada angariação de fundos que organizávamos, cada cheque que preenchíamos, tudo parecia um ato de desespero genuíno. Nunca sequer consideramos criar uma poupança. Tudo que pensávamos era como arrecadar dinheiro, mais e mais dinheiro, e depois entregá-lo às mãos certas imediatamente. Eu sei, olhando agora, que estávamos fazendo um bom trabalho. Mas estávamos também presenciando um sofrimento tão imenso e doloroso que eu acho que nenhum de nós acreditava estar tendo sucesso. Eu não acho que seja realmente possível se sentir bem-sucedido quando tantas pessoas estão morrendo.

Arrecadar dinheiro, no final das contas, não era a parte mais difícil, graças ao trabalho árduo de John, Virginia, Sarah e nosso incrível conselho de diretores. Eu convenci muitos bons amigos da indústria musical e de entretenimento a entrarem para nosso conselho, para ajudar a manter a EJAF funcionando: Robert Earl, fundador e diretor executivo do Planet Hollywood e posteriormente diretor executivo do Hard Rock Cafe, e Art Levitt, diretor executivo do Hard Rock Cafe International; Howard Rose, meu agente de longa data; Al Teller e seu braço direito, Glen Lajeski, da MCA; Johnny Barbis, executivo musical e meu empresário por muitos anos; e Michele Burns, ex-diretora executiva da Mercer Consulting que, na época, era sócia sênior da Arthur Andersen. Todos os nossos membros originais eram pessoas de negócios sérias, e também amigos maravilhosamente gentis. Eles fizeram as conexões certas para nós e nos ensinaram a gerenciar a EJAF com a eficiência de uma empresa comercial de sucesso, como as que eles tinham construído. Eles arrecadaram uma quantia extraordinária de dinheiro, e estou muito orgulhoso por vários deles continuarem em nosso conselho até hoje.

Muitos destes membros iniciais nos ajudaram a estabelecer formas inovadoras de arrecadação de fundos, usando nossa fama e conexões comerciais para desenvolver e comercializar produtos que seriam vendidos em benefício da EJAF. Era incrível que empresas e pessoas influentes estivessem dispostas a gastar dinheiro por nós dessa forma. Barron Segar, especialista financeiro, ajudou a desenvolver um cartão de crédito que direcionava uma porcentagem dos gastos para apoiar o trabalho da fundação. Billie Jean King e Ilana Kloss tiveram a ideia do "Smash Hits", um evento que uniria astros do tênis em partidas de exibição para arrecadar fundos. Organizamos o Smash Hits todos os anos desde 1993, e ele se tornou um dos nossos eventos mais importantes e bem-sucedidos. Eddi Barbis foi fundamental em estabelecer e manter um plano de marketing de longo prazo para a causa. O fotógrafo Herb Ritts, que infelizmente morreu de complicações relacionadas à Aids, leiloou seu incrível trabalho para apoiar a EJAF. Whoopi Goldberg criou uma camiseta para nós, que era vendida no Planet Hollywood, e Jane Fonda e Ted Turner também emprestaram sua fama e esforços à nossa causa, dando à fundação um tremendo impulso tanto em recursos como em credibilidade.

Com o passar dos anos, fizemos parceria com muitas empresas para uma gama de produtos e atividades para arrecadação de fundos, e foi fantástico para todos nós – as empresas aumentam sua visibilidade enquanto arrecadam uma tonelada de dinheiro para uma causa importante, e a fundação direciona a renda para os esforços cruciais. É empolgante ver que, hoje, tantas outras organizações adotaram este modelo.

Então arrecadar dinheiro era, de certa forma, a parte fácil. O desafio era: como distribuir os fundos com velocidade e de forma estratégica ao mesmo tempo? John e eu não tínhamos o conhecimento para saber quais organizações em que cidades ou Estados mais precisavam de nosso financiamento. Mas sabíamos que tínhamos de descobrir, e não iríamos desperdiçar um centavo. Uma possibilidade era criar nosso próprio processo de seleção, em que organizações em todo o país poderiam mandar solicitações de financiamento, e poderíamos avaliar seu mérito relativo. Mas havia problemas com esse modelo. O primeiro e mais imediato era que se tornaria bastante caro e trabalhoso para ser desenvolvido. Sentíamos que não tínhamos tempo para fazê-lo, e não queríamos acabar financiando nossas próprias operações em vez de entregar o dinheiro para as pessoas a quem ele se destinava. Além disso, achávamos que montar nossa própria estrutura de financiamento seria redundante. Havia outras organizações que já contavam com essa estrutura. Elas poderiam lidar com a distribuição melhor que nós; não precisávamos nem queríamos reinventar a roda. Então, logo no início, tomamos uma decisão fundamental: nosso trabalho seria levantar fundos, e estabelecer parcerias para que ele chegasse às mãos certas. Com a ajuda de especialistas em nosso conselho, incluindo o dr. Charles Farthing e o incrível ativista Eli Saleeby, era assim que iríamos proceder.

Fizemos uma busca extensa, e tivemos a sorte – uma sorte extraordinária – de encontrar a National Community Aids Partnership. A parceria era cria da Fundação Ford. Para gerenciá-la, a Ford contratou uma diretora executiva, Paula Van Ness, que até hoje é uma das mulheres mais brilhantes que já conheci. O que ela entendeu naqueles primeiros anos foi essencial: com tantas organizações separadas fornecendo seus próprios serviços às suas regiões, precisávamos de algum tipo de modelo nacional, algo que nos ajudasse a reagir à crise de forma verdadeiramente coordenada e estratégica. Precisávamos, por exemplo, levar dinheiro a lugares que se tornaram epicentros da doença – Los Angeles, Nova York, Atlanta. Mas também precisávamos distribuir fundos em lugares como Tulsa, Oklahoma, onde o número de pacientes de Aids era muito menor, mas onde o sofrimento era tão grande como nos outros lugares.

O objetivo da parceria não era apenas coletar dinheiro e distribuí-lo; era mobilizar organizações de serviço social que já existiam, que já tivessem infraestrutura, e voltar sua atenção para o HIV/Aids. A National Community Aids Partnership ofereceu equiparação de doações a estas organizações, e a EJAF forneceu o dinheiro. As organizações receberiam uma doação de, digamos, 10 mil dólares, com a exigência de que elas arrecadassem um adicional de 10 mil dólares de suas comunidades locais. Desta forma, Paula trabalhou com cada organização para desenvolver mecanismos locais independentes de arrecadação de fundos. Assim, a parceria criou *start-ups* para tratamentos, cuidados e prevenção da Aids em todo o país.

Era uma maravilhosa situação em que todos saíam ganhando, nós e as comunidades envolvidas. Não havia custo para a EJAF usar o modelo de distribuição de equiparação de doações do National Community Aids Partnership. Quase todo dólar que enviávamos através da parceria era distribuído para as comunidades. E nós não éramos responsáveis por determinar o uso mais eficiente daquele dinheiro. As organizações locais conheciam suas necessidades mais críticas; elas poderiam decidir onde e como esses fundos seriam distribuídos. O quadro da EJAF avaliaria e aprovaria cada projeto que financiávamos. Além disso, cada dólar que gastávamos através desse processo era coberto pelo menos em dobro, se não o triplo ou mais. O modelo era um sucesso extraordinário, e enfatizou uma lição importante do começo que permaneceu conosco até hoje: parcerias realmente funcionam, e replicar o que os outros estão fazendo é um absoluto desperdício de dinheiro.

Eu nunca vou me esquecer da alegria e ansiedade daqueles primeiros dias. Eu tinha a sensação conflitante de que estávamos realizando grandes coisas, mas que ao mesmo tempo não era o bastante. Tudo que nos importava era que as pessoas estavam morrendo, e queríamos dar a assistência de que elas necessitavam e, assim, ao menos possibilitar que elas vivessem e morressem com dignidade. Apenas alguns anos depois do processo iniciado é que realmente começamos a entender o tipo de impacto que estávamos causando. Eu lembro claramente do dia em que recebemos um relatório do National Community Aids Partnership que quantificava nossos esforços. Havíamos arrecadado 1 milhão e meio de dólares, e graças ao nosso modelo de distribuição de equiparação de doações, havíamos gerado 7 milhões em equiparações. Nosso modelo estava funcionando melhor do que poderíamos imaginar. Estávamos movendo o ponteiro de uma forma muito real.

Em 1993, criamos uma organização-irmã em Londres dedicada à mesma missão. Como nos EUA, tivemos a ajuda imensurável de muitos bons amigos que entraram para o conselho de diretores de nossa fundação britânica nascente. Johnny Bergius era um prolífico arrecadador de fundos cujo compromisso com a nossa causa o levou a literalmente escalar várias montanhas e viajar até o Polo Norte em apoio à EJAF. Marguerite Littman, fundadora do Aids Crisis Trust, uma das primeiras organizações filantrópicas de combate à doença no Reino Unido, nos cedeu seu conhecimento e acabou integrando sua organização à nossa. James Locke, soropositivo há quase trinta anos, foi uma inspiração quando estávamos começando. Frank Presland, velho amigo e gênio jurídico, fez fantásticas contribuições aos nossos esforços iniciais. Rafi Manoukian, o grande filantropo, nos ajudou consistentemente a mirar mais alto em nosso trabalho global.

Outro membro do conselho britânico era meu querido amigo Robert Key. No comecinho, pedi a Robert que assumisse o trabalho de administrar a EJAF-Reino Unido. Eu o conhecia desde a década de 1970, quando ele começou a cuidar dos lançamentos dos meus discos. Eu estava extasiado por ele ter concordado com a nova função, e sabia que ele seria a pessoa perfeita para fazer nossa organização no Reino Unido decolar. Ele era tão pessoalmente comprometido com a causa que inicialmente se recusou a receber salário, embora no final o conselho o tenha forçado a aceitar, por causa do incrível trabalho que ele vinha realizando. Ele gerenciou a fundação até sua morte em 2009.

A missão da EJAF-Reino Unido era a mesma da EJAF-EUA, mas o mecanismo era diferente. Não havia equivalente britânico ao National Community Aids Partnership, então Robert saiu por conta própria para se reunir com as várias organizações que atuavam no tratamento e prevenção de HIV/Aids. Ele descobriu que tipos de serviços eles forneciam às pessoas com HIV em Londres, mas também descobriu algo mais. Parecia que havia uma epidemia de Aids florescente na África. A doença não era uma crise apenas no Ocidente. E assim, o braço britânico da EJAF adotou um foco global. Robert, junto com Anne Aslett, que hoje chefia a fundação, tornou a EJAF-Reino Unido uma das primeiras fundações privadas a ter uma estratégia explícita em apoio às pessoas com HIV/Aids na África e além. Até hoje, o escritório do Reino Unido faz grandes investimentos para financiar programas na Europa, na África e na Ásia, enquanto o escritório dos Estados Unidos direciona seu dinheiro para as Américas e o Caribe.

Nada disso teria sido possível sem Robert. Ele era uma força da natureza. Ele tomou como sua missão pessoal aprender tudo sobre HIV/Aids e como era viver com a doença. Ele queria entender como era vivenciar o estigma e o isolamento, as infecções oportunistas que apareceriam, e o estresse de saber que você poderia morrer a qualquer momento. Ele passou bastante tempo visitando hospitais, abrigos, prisões, todo e qualquer lugar em que pudesse conhecer e até cuidar de pessoas soropositivas de todas as idades e histórias de vida. Como Ryan, ele corajosamente lutou contra o estigma que cerca a Aids com sua própria bondade, compaixão e amor.

Pelos dezesseis anos em que ele chefiou minha fundação britânica, Robert viu em primeira mão o que as pessoas com essa doença precisavam, e usou sua experiência para fazer algumas coisas revolucionárias, como assegurar a criação de um Fundo Nacional Especial de HIV/Aids para pessoas na miséria e pressionar por padrões mais altos de nutrição para os pacientes de Aids. Graças a ele, a EJAF estava na linha de frente da resposta britânica à epidemia africana.

A morte de Robert foi um golpe para a comunidade ligada à Aids e uma tragédia pessoal para mim. Ele não era apenas um amigo maravilhoso – ele foi um dos maiores cruzados contra a Aids que já conheci.

Houve muitos outros que me inspiraram tremendamente durante aqueles primeiros anos da minha fundação. Em primeiro lugar e acima de todos está meu parceiro de quase vinte anos, David Furnish, que é também presidente do conselho da EJAF tanto nos Estados Unidos como no Reino Unido. David e eu nos conhecemos em 1993, quando eu ainda estava no processo de transformar minha vida e me concentrar na minha recuperação e saúde. Na época, além de dominar os vícios que haviam me aprisionado por tanto tempo, eu tinha me afastado de muitas das pessoas que me rodeavam e que permitiram meu estilo de vida destrutivo desde o início. Depois de completar a reabilitação e voltar a Londres, eu estava procurando novos amigos, e fui apresentado a David em um jantar que dei certa noite.

Mas David acabaria se tornando muito mais que um amigo. Compartilhávamos as mesmas paixões, o mesmo senso de humor. Tivemos uma conexão imediata e rapidamente nos apaixonamos. É impossível exagerar o impacto de David em minha vida na época e desde então. Ele me apoia de todas as maneiras imagináveis. Ele canaliza minhas energias em formas positivas e produtivas. Eu não seria o homem que sou hoje, se não fosse por David. Ele foi, é e sempre será a pessoa mais importante da minha vida, junto com nosso filho. Somos parceiros em tudo, incluindo o trabalho da EJAF. Juntos conseguimos manter a fundação funcionando e crescendo durante seus primeiros anos.

A princesa Diana foi outra fonte de inspiração para mim, e como mencionei, ela esperava ser uma fonte de apoio para a EJAF também, se sua vida não tivesse chegado ao fim tão tragicamente. Diana sempre foi maravilhosamente encorajadora, e não apenas sobre meu trabalho com a Aids. Como David, ela me ajudou a manter minha vida nos trilhos durante os primeiros anos da minha recuperação. Eu estava sóbrio e cuidando de mim mesmo, mas nem sempre era fácil, e ter o apoio de amigos verdadeiros como ela simplesmente não tinha preço.

Uma das minhas lembranças favoritas de Diana é de 1993, quando entrei em batalha com o *Sunday Mirror*, um tabloide britânico que havia publicado uma história ridícula de que eu havia voltado à bulimia e tinha sido visto comendo e depois cuspindo minha comida em uma festa. Não importava que eu estivesse a milhares de quilômetros de distância quando a festa acontecera. Eu processei o jornal por calúnia e no final venci. Mas um dia, quando o processo ainda estava correndo, recebi uma carta pelo correio. Era um bilhete escrito à mão por

Diana que dizia "obrigada em nome dos bulímicos do mundo todo!". Que humor aquela mulher tinha. Ela e eu nos aproximamos anos atrás por causa de nossos distúrbios alimentares, e ela não resistia a fazer um pouco de troça com a seriedade de nossas lutas com a comida e a imprensa.

Como Diana, Elizabeth Taylor também nos estimulava com seu exemplo e incrível senso de humor, e ela apoiava minha fundação de todas as formas que podia. Mesmo enquanto eu lamentava sua morte recente, fiquei comovido em saber que ela havia deixado uma generosa doação para a EJAF em seu testamento, o que diz muito sobre a mulher tremendamente carinhosa que ela era.

Mas uma história realmente diz tudo sobre Elizabeth. Desde que a EJAF foi fundada, organizamos uma festa para assistir à entrega do Oscar que funciona como o maior evento anual de arrecadação de fundos da EJAF-EUA. Certo ano, apesar de estar sofrendo de dores horríveis e uma saúde fragilizada, e no dia de seu aniversário, ainda por cima, Elizabeth compareceu ao evento para nos ajudar a despertar consciência sobre HIV/Aids, como ela havia feito tantas vezes antes. Havia dúzias de fotógrafos e repórteres – talvez mais de cem, na verdade – entupindo o extremamente longo tapete vermelho na entrada do evento. Elizabeth tinha muita dificuldade para se deslocar àquela altura. Mas apoiando um dos braços em David e o outro em dois de seus netos, Elizabeth caminhou o trecho inteiro. E não apenas isso – ela falou com cada jornalista e posou para cada câmera apontada em sua direção. Mais especificamente, Elizabeth passou o tempo todo falando sobre a importância do trabalho da EJAF e a urgência da epidemia de Aids. Ela não desviou do assunto uma só vez. Elizabeth deve ter ficado de pé por uma hora, e o tempo todo ela estava energética e graciosa como sempre. Finalmente, quando chegou ao fim do tapete vermelho e deu sua última entrevista, Elizabeth virou seu belo sorriso para David e sussurrou em seu ouvido: "traga minha maldita cadeira de rodas!".

Sinto falta dos meus amigos Elizabeth, Diana e Robert mais do que pode imaginar, todos os dias. Eu penso neles constantemente, e a EJAF não estaria aqui se não fosse pelos esforços hercúleos, inspiração e apoio deles. Com a ajuda deles e de David – e graças a John, nossa pequena mas dedicada equipe, e nosso maravilhoso conselho de diretores –, em apenas alguns anos nos tornamos um grande participante na luta para livrar o mundo da Aids. Havia muito trabalho a fazer, enormes montanhas a escalar. Mas, onde quer que ele estivesse, eu esperava com todo meu coração que outro querido amigo que partiu, Ryan, estivesse orgulhoso. Sem dúvida, eu sentia um senso de orgulho em mim mesmo também. Eu estava sóbrio. Eu estava retribuindo. Eu estava vivo. Pela primeira vez em anos, eu estava realmente, verdadeiramente vivo.

5
Uma crise de indiferença

Daqui de onde estou, olhando para trás, é impressionante pensar no tanto que mudou nos vinte anos desde que comecei a fundação. Também é incrível refletir em quanto continua o mesmo.

Por exemplo, dado o alcance da crise da Aids hoje, ainda operamos com um senso de urgência, com a atitude de que, não importa quantos programas criemos ou quanto dinheiro consigamos arrecadar, simplesmente não é o bastante. E não é. Em 1992, cerca de 1 milhão e meio de pessoas tinham HIV/Aids. Hoje, são 34 milhões. Se isso não for uma absoluta emergência, eu não sei o que será.

Outra coisa que não mudou é a forma como fazemos negócios. As lições que aprendemos naqueles dias iniciais ainda são importantes: elas continuam sendo a base de nosso trabalho e a chave de nosso sucesso. Ainda operamos com uma equipe compacta de apenas três pessoas em Nova York e nove em Londres. Ainda contamos com parcerias para ter o maior impacto possível. E nossa fidelidade a essas lições foi a razão para a longevidade e impacto da EJAF. Foi como arrecadamos e distribuímos 275 milhões de dólares em vinte anos – uma soma impressionante da qual tenho muito orgulho. É como tocamos milhões de vidas financiando centenas de organizações e projetos em 55 países.

Mas outra coisa não mudou muito nas últimas duas décadas. Mesmo após todos estes anos, a Aids permanece sendo uma doença dos marginalizados, dos pobres, dos desprovidos.

Considere a epidemia de Aids em uma cidade populosa nos Estados Unidos, um dos piores surtos que já aconteceram. Esta cidade é, de muitas maneiras, exatamente como qualquer outra. Tem bairros ricos e pobres, subúrbios e um centro vibrante. Tem edifícios grandiosos, bons restaurantes e museus de nível mundial. É uma cidade densa, a capital de uma grande nação, e o lar de pessoas de todos os tipos. Mas o que torna esta cidade única, entre outras coisas, é sua horrível crise de Aids. O CDC e a Unaids definem uma epidemia como "generalizada e severa" quando as taxas de infecção são maiores que 1% da população. Nesta cidade, mais de 3% são soropositivos. Portanto, a epidemia de Aids da cidade é pior que a de muitos países da África Ocidental, e tem mais ou menos a mesma taxa de infecção de países como Uganda, Nigéria e Congo.[1]

Você poderia pensar que a cidade em questão é alguma grande metrópole de um país em desenvolvimento – talvez São Paulo, ou Cidade do México, ou Porto Príncipe. Mas não. A cidade que estou descrevendo é *Washington, DC*. Não é um erro de digitação. É a triste e horrível verdade: uma das piores crises de Aids no hemisfério ocidental acontece na capital do país mais rico e poderoso da Terra.

Em Washington, as linhas tendenciais da epidemia de Aids delineiam o contorno das desigualdades econômicas e raciais de longa data dos EUA. A grande maioria dos soropositivos em Washington são negros, e muitos são pobres. Metade da população de Washington é negra, mas essa metade representa quase 80% da epidemia de Aids da cidade. Impressionantes 7% dos homens negros no Distrito são HIV positivos, e mulheres negras têm catorze vezes mais chance de estarem infectadas do que mulheres brancas. O Ward 8, um distrito político de Washington a leste do Rio Anacostia, tem a taxa de prevalência de Aids mais alta da cidade. Também tem uma população 94% negra e a mais alta taxa de pobreza da cidade. Nos últimos anos, o índice de mortalidade por Aids em Washington caiu entre os brancos, enquanto subiu entre os negros.

Ninguém em seu perfeito juízo diria não se importar com os negros pobres em Washington. Mas estas estatísticas sugerem outra coisa. E a evidência qualitativa também é avassaladora.

Durante anos, o *The Washington Post* publicou uma série de reportagens detalhando os fracassos da administração da cidade nas políticas e programas de combate ao HIV. As histórias que eles revelaram embrulham meu estômago. Um funcionário público descobriu caixas com milhares de registros de pessoas com Aids que nunca foram inseridos nos bancos de dados que o CDC e as organizações comunitárias consultam para lutar contra a doença.[2] A equipe subfinanciada de Washington para a vigilância da Aids ficou anos sem membros vitais, e assim não conseguia nem saber a extensão da epidemia para poder planejar uma resposta adequada.[3] De acordo com o *Post*, o departamento de saúde da cidade deu 25 milhões de dólares para "agências sem fins lucrativos marcadas por gastos questionáveis, falta de pacientes ou falhas na contabilidade e na assistência".[4] Enquanto isso, tantos grupos sem fins lucrativos maravilhosos e merecedores que fornecem serviços essenciais em Washington estão subfinanciados e sem equipe. Sei disso pessoalmente, porque a EJAF apoia muitas organizações comunitárias incríveis no Distrito de Columbia.

Eu poderia continuar a listar casos de negligência horríveis no que se refere à epidemia de Aids em Washington. O ponto mais importante, porém, é que o resultado disso foi a morte de inúmeras pessoas.

O *Post* contou a história chocante de uma dessas vítimas, uma mulher de cinquenta anos chamada Renee Paige. Renee já fora uma presença vibrante em seu bairro, mas ficou terrivelmente doente com Aids. Ela foi atirada à extrema miséria e acabou sem ter onde morar. Depois de passar uma noite congelante em um banco de parque, desprotegida da chuva torrencial, Renee foi a uma reunião da comunidade, contou sua história e implorou por ajuda. Mas não recebeu nenhuma. O *Post* contou que ela morreu logo depois, "sozinha no banco, a 1,5 quilômetro da Administração para HIV/Aids e cerca de 3 quilômetros de uma dúzia de grupos sem fins lucrativos que ajudam pessoas com Aids".[5]

Como isso é possível? Como a capital dos Estados Unidos da América pode ter uma das epidemias de Aids mais graves do mundo? Como pode uma mulher soropositiva, como Renee, morrer praticamente do lado da maldita Casa Branca? Não faz sentido algum.

E no entanto, quando você consegue entender a natureza da epidemia da Aids, faz *todo* o sentido. A verdade é tão triste quanto simples. Pessoas como Renee continuarão a morrer, e esta epidemia continuará a se espalhar, até que tratemos todos os que sofrem de HIV/Aids com o mesmo grau de dignidade e solidariedade, independentemente de quem sejam ou de onde morem.

Em nenhum outro lugar isso fica mais aparente do que nos Estados Unidos, um país cuja epidemia de Aids nos diz tanto sobre a epidemia de Aids em outros lugares. A Aids nos Estados Unidos não é nem de longe a emergência nacional que representa em países como a África do Sul, que tem o maior número de portadores de HIV/Aids no mundo. Mas a epidemia de Aids nos Estados Unidos é grave. Quase 1,2 milhões de americanos são soropositivos, e o CDC estima 50 mil novos casos todo ano. A taxa de novas infecções se manteve nesse nível por vários anos, embora o número de pessoas que morrem de Aids nos Estados Unidos tenha declinado enormemente desde 1995.

Com isso em mente, devemos considerar as seguintes estatísticas:

Como em Washington, DC, a maioria das pessoas soropositivas nos Estados Unidos são negras, gays ou ambos. Os negros correspondem a apenas 14% da população americana, e mesmo assim eles representam 44% das novas infecções. Em 2009, americanos negros tiveram taxas de infecção por HIV sete vezes maiores que os brancos. E mais: a Aids foi a terceira maior causa de morte para homens e mulheres negros de meia idade em 2008. As taxas de infecção dispararam entre homens gays, especialmente entre jovens gays e bissexuais negros. Na verdade, 60% de novas infecções são entre homens gays ou bissexuais. De acordo com um estudo do CDC envolvendo 21 grandes cidades dos Estados Unidos, um em cada cinco homens gays são soropositivos.[6] Outro estudo estima que cerca de 16,9% dos americanos soropositivos passaram períodos em instituições correcionais federais ou estaduais em 2006.[7] E 9% de novas infecções são entre usuários de drogas injetáveis.

Para ser perfeitamente claro, sem meias palavras: se demonstrássemos pelos gays, pobres, minorias, profissionais do sexo, presidiários e usuários de drogas a mesma solidariedade que temos por pessoas menos marginalizadas, não haveria mais Aids nos Estados Unidos. A realidade é que, até que possamos dar a todos o mesmo acesso a tratamento e prevenção, a Aids não desaparecerá jamais. É simples assim.

Eu não quero implicar com os Estados Unidos. Eu adoro e admiro o país. Sou cidadão britânico, claro, mas me apaixonei pelos Estados Unidos quando visitei o país pela primeira vez em 1970. Vivi parte do tempo aqui durante vinte anos, e passo uma grande parte do ano em Atlanta e Los Angeles quando não estou em turnê. Os Estados Unidos me deram muito, e são meu lar como qualquer outro lugar no mundo. E devo enfatizar que os Estados Unidos fizeram mais que qualquer outro país no mundo para lutar contra a Aids. Estaríamos perdidos sem a pesquisa e ações tomadas pelo governo americano, a comunidade de pesquisa médica e pelos americanos pagadores de impostos.

Contudo, o que quero dizer é: a Aids, como qualquer doença contagiosa, evoluiu para tirar proveito da fraqueza humana. Sendo um retrovírus, o HIV consegue se infiltrar nosso DNA e sabotar nosso sistema imunológico ao ponto em que até infecções comuns se tornam fatais. Mas o que torna a Aids tão assustadora, tão letal, é que ela não tira vantagem apenas de nossas fraquezas biológicas. Ela se aproveita de nossas fraquezas *sociais*. De fato, o que está realmente matando dezenas de milhares de pessoas nos EUA e milhões de pessoas em todo o mundo não é apenas um contágio virulento, mas uma falta de solidariedade humana – uma falta de amor – pelos portadores de HIV/Aids.

Aids poderia muito bem significar "Assustadora Indiferença aos Desprovidos na Sociedade". A doença se alimenta, mais que de qualquer outra coisa, de nosso preconceito contra os HIV positivos e os que têm mais risco de serem infectados. Ela floresce no preconceito e indiferença em relação aos mais vulneráveis. Hoje, a "deficiência" que mata quase 2 milhões de pessoas todo ano não é um vírus microscópico chamado HIV; é uma força macroscópica chamada estigma. A "síndrome" que permitiu à Aids evoluir para uma praga global não é imunológica; é, simplesmente, uma ausência de empatia pelos nossos semelhantes.

É algo difícil de compreender, mas mesmo se *existisse* uma cura para a Aids, ela não acabaria com a epidemia. Mesmo se *houvesse* uma vacina para prevenir a infecção pelo HIV, apenas a inoculação não seria suficiente para evitar que a doença se espalhasse. Essa não é uma avaliação pessimista: é realista, baseada no que está acontecendo agora no mundo.

Já temos os instrumentos e táticas que foram comprovadas por pesquisa e ciência como capazes de interromper a disseminação do vírus: camisinhas, educação sexual e programas de troca de agulhas. Mesmo assim, líderes políticos e religiosos conservadores continuam a obstruir o caminho para implementar o que é um fato concreto que salvará milhões e milhões de vidas.

Já temos tratamentos avançados que não apenas permitem aos portadores de HIV viver vidas longas e saudáveis, mas também previnem a disseminação da doença – uma descoberta miraculosa anunciada em 2011. E ainda assim, neste momento, milhões de pessoas no mundo todo – inclusive nos países mais ricos – estão sob o risco de morrer a médio prazo e transmitir o vírus a seus parceiros, porque eles não têm acesso a esses medicamentos que salvam vidas.

Claro, precisamos continuar procurando uma vacina. Precisamos fazer novas pesquisas. Mas precisamos também reunir a solidariedade necessária para construir um mundo mais igualitário e justo.

A história da Aids em Washington demonstra o que acontece quando não demonstramos solidariedade para com as pessoas com HIV/Aids. Mas deixe-me contar outra história, uma história sobre a diferença que podemos fazer quando a compaixão conduz nossa resposta à epidemia de Aids.

Em 1981, Elizabeth Glaser estava grávida de nove meses quando entrou em trabalho de parto e começou a ter uma hemorragia grave. Ela perdeu tanto sangue que precisou receber múltiplas transfusões. Felizmente, seu bebê nasceu em segurança – uma linda garotinha a quem Elizabeth e seu marido Paul chamaram de Ariel.

Elizabeth, Paul e Ariel não eram uma família comum. Paul Michael Glaser era um ator, roteirista e diretor famoso. Na época em que Ariel nasceu, ele era conhecido por milhões como "Starsky", astro de um seriado de TV imensamente popular dos anos 1970, *Starsky e Hutch*. Elizabeth, uma mulher também muito bem-resolvida, era diretora no Museu Infantil de Los Angeles. Eles eram o que você pode chamar de supercasal: bem-relacionados e bem-sucedidos. Apesar do parto arriscado de Elizabeth, com o nascimento de Ariel, os Glaser tinham tudo na vida, e mais.

Em 1985, quando Ariel tinha quatro anos, ela ficou muito doente, e os médicos não conseguiam entender o porquê. Como precaução, ela foi submetida a um exame para HIV que, para horror dos pais, deu positivo. Os Glasers descobriram que Elizabeth havia contraído o HIV durante a transfusão de sangue que recebera. Elizabeth passou o vírus para sua filha pela amamentação. Paul e Elizabeth desde então tiveram outro bebê, Jake; ele também tinha o vírus, contraído de Elizabeth no útero.

A família toda, com exceção de Paul, era HIV positiva.

Enfrentando o venenoso estigma que cercava a Aids na época, Elizabeth e Paul retiraram Ariel da escolinha. Eles também se recolheram socialmente. Apesar de sua fama e status em Hollywood, os Glaser foram forçados a sofrer em particular com aqueles mais próximos a eles, enquanto seus médicos faziam o que podiam para cuidar do que era então uma doença completamente intratável.

Em 1987, porém, a FDA aprovou o primeiro tratamento de Aids, o AZT, que demonstrou retardar, ainda que por pouco tempo, o desenvolvimento total da Aids nos portadores do vírus. Mas Elizabeth e Paul rapidamente descobriram que o governo não havia aprovado o uso de AZT em crianças como Ariel e Jake. O motivo, descobriram, era a Aids pediátrica não ter entrado no radar da comunidade médica, das empresas farmacêuticas e dos políticos. Na época, havia cerca de mil casos de Aids pediátrica, e representavam apenas 2% da epidemia nos Estados Unidos.

O essencial é que a comunidade médica não estava respondendo com rapidez suficiente, e a garotinha de Elizabeth e Paul estava morrendo.

Em 1988, Ariel sucumbiu à Aids. Ela tinha sete anos de idade. Elizabeth ficou desesperada não apenas com a morte de sua jovem filhinha, mas também com a ideia – a aparente certeza – de perder também seu bebê, Jake.

A morte de Ariel transformou Elizabeth. Ela se tornou uma mulher com uma missão, e seu foco único era despertar a atenção e recursos em nome de todas as crianças HIV positivas, incluindo seu filho. Antes de Ariel morrer, e meses após enterrar sua primeira filha, Elizabeth foi a Washington para compartilhar sua dolorosa história com membros do Congresso. Apesar de a condição de HIV positivos de Elizabeth e sua família ainda ser desconhecida do público e da imprensa, ela bravamente confidenciou aos políticos em Capitol Hill e lhes implorou por ajuda.

Funcionou. O Congresso logo votou o aumento do financiamento para a pesquisa da Aids pediátrica em 5 milhões de dólares. Elizabeth havia feito uma diferença de verdade. Mas ela não parou por ali. Através de um contato da família, ela conseguiu uma reunião com o então presidente Ronald Reagan e a primeira-dama Nancy Reagan para contar sua história. Eles ficaram comovidos, mas pouco resultou de sua visita à Casa Branca; os dólares para a pesquisa simplesmente não estavam correndo rápido o bastante ou na extensão necessária. E assim Elizabeth decidiu tomar as rédeas da situação. Ela começou uma fundação para Aids pediátrica para arrecadar pessoalmente o dinheiro. Elizabeth logo estava direcionando milhões de dólares de sua fundação para pesquisas vitais que teriam um tremendo impacto.

Enquanto isso, o *National Enquirer* pôs as mãos na história dos Glasers. O tabloide publicou os detalhes da tragédia familiar para que o país inteiro lesse, e chegaram ao ponto de publicar fotos do túmulo da pequena Ariel. Elizabeth ficou furiosa, compreensivelmente. Ela foi subitamente atirada sob os holofotes nacionais.

Mesmo assim, com uma postura extraordinária, Elizabeth usou a atenção da mídia, apesar de indesejada, para despertar a conscientização sobre a Aids e seu impacto tanto em crianças como em adultos. Sua defesa pública culminou em seu discurso apaixonado na Convenção Nacional Democrática em 1992. Para uma audiência nacional, ela disse palavras afiadas sobre os presidentes Reagan e Bush, criticando-os por dizerem que estavam preocupados com as pessoas com HIV/Aids enquanto faziam muito pouco para de fato lutar contra a epidemia.

Felizmente, Elizabeth teve sucesso onde aqueles dois presidentes falharam. No começo dos anos 1990, basicamente por conta de sua ação, o Congresso dedicou dezenas de milhões de dólares à pesquisa da Aids pediátrica. Finalmente, cientistas descobriram como prevenir a transmissão do HIV de mãe para filho. No meio dos anos 2000, apenas cerca de 100 crianças nos Estados Unidos nasceram com HIV a cada ano, de um pico de cerca de 900 casos em 1992.

Hoje, a luta contra a epidemia de Aids pediátrica nos EUA e na maior parte do mundo ocidental foi praticamente vencida. Muito poucas crianças americanas contraem HIV *in utero*, e praticamente nenhuma morre da doença.

Elizabeth não viveu para ver essa vitória acontecer; ela morreu de Aids em 1994. Mas seu impacto e legado vivem através da Elizabeth Glaser Pediatric AIDS Foundation que, ao longo dos anos, teve um profundo impacto global. Hoje, a fundação continua com a ajuda do filho de Elizabeth, Jake, agora um jovem com uma vida saudável e vibrante. Sem dúvida, o trabalho dela ajudou a salvar a vida dele.

Mas este trabalho está longe de terminar. Enquanto a Aids pediátrica foi quase totalmente extinta nos Estados Unidos e em outros países desenvolvidos, há ainda 3,4 *milhões* de crianças infectadas globalmente e mais de 1.000 novas infecções pediátricas *a cada dia*. A tragédia de Elizabeth continua a acontecer para incontáveis mães e filhos.

Hoje, a epidemia mundial da Aids pediátrica é muito pior do que Elizabeth poderia ter imaginado algum dia. Entretanto, graças a ela, sabemos exatamente como derrotá-la. Sem dúvida, sabemos como extinguir a doença não apenas entre crianças, mas entre todas as pessoas do mundo: com incansável solidariedade.

Na Convenção Democrata de 1992 – que ela descreveu como a semana mais importante de sua vida –, Elizabeth contou a um público de milhares de pessoas no Madison Square Garden, e milhões assistindo pela TV, como sua filha com Aids, Ariel, foi a inspiração para seu trabalho:

Ela me ensinou a amar, quando tudo que eu queria fazer era odiar. Ela me ensinou a ajudar os outros, quando tudo que eu queria era ajudar a mim mesma. Ela me ensinou a ser corajosa, quando tudo que eu sentia era medo.[8]

Em seu discurso, Elizabeth chamou a Aids de "uma crise de indiferença". Ela disse que era motivada não apenas por seu próprio sofrimento pessoal e por sua compaixão por crianças, mas também por sua empatia pelos gays, pobres, pessoas de cor e todos que viviam com a doença e morriam por culpa dela no mundo todo.

A história de Elizabeth nos mostra o caminho adiante. Ela também nos faz perguntar – se conseguimos acabar com a Aids nas crianças nos Estados Unidos, por que não conseguimos acabar com a Aids para todos, em todo lugar?

A resposta é que nós *podemos* acabar com a Aids. Nós simplesmente não o fizemos. Ainda.

6
Confrontando a realidade

A África do Sul é um dos meus lugares favoritos para visitar. É um país mágico, e o povo desse país, tendo sofrido imensamente, é extraordinariamente resiliente. Tenho um grande amor por eles. Eu gostaria que eles tivessem mais amor uns pelos outros.

A África do Sul tem uma das piores epidemias de Aids do mundo, disseminada principalmente por sexo heterossexual. Também tem uma das piores crises de estupro de todas. Isso não é coincidência. As duas causas estão ligadas. Por si só, o estupro é horrendo. Mas para muitas mulheres estupradas, é apenas o início do pesadelo. De acordo com um estudo, a taxa de infecção por HIV é tão alta na África que, se uma mulher for estuprada por um homem entre os 25 e os 45 anos de idade, há pelo menos uma chance em quatro de ele ser HIV positivo.[1]

Na África do Sul, uma mulher é estuprada a cada 26 segundos. Mas mulheres não são as únicas vítimas. Mulheres e homens, meninas e meninos, e horrendamente, até bebês são vítimas de abusos sexuais. Como pai de uma criança pequena, tenho dificuldades em imaginar tal coisa. Mas é terrivelmente real, graças em parte a uma superstição venenosa de que fazer sexo com um(a) virgem cura HIV/Aids. O estupro é tão disseminado na África do Sul que alguns acreditam que apenas crianças muito pequenas e bebês sejam garantidamente virgens.

A situação está agora fora de controle. Em 2009, o Conselho de Pesquisa Médica da África do Sul conduziu um estudo pesquisando a extensão da crise do estupro. Pesquisadores descobriram que um quarto dos homens entrevistados admitiram ter estuprado alguém.[2] Outro estudo descobriu que mais de 60% de meninos acima dos onze anos acreditava que o "sexo era um direito natural do macho e forçar uma garota a fazer sexo não constitui estupro ou ato de violência".[3]

Se uma sociedade não vê nada de errado no estupro, então qualquer pessoa que se manifestar contra será estigmatizada. Uma sobrevivente de estupro na África do Sul contou à organização de auxílio internacional Médicos Sem Fronteiras: "As pessoas riem de mim e dizem: 'Ah, você vai pegar HIV/Aids agora'. Esses são meus vizinhos e pessoas que vivem ao meu redor. Eles não parecem achar que os homens que me estupraram tenham feito algo de errado".[4] Quando o então vice-presidente Jacob Zuma foi julgado por estupro, uma acusação da qual ele foi inocentado, seus apoiadores se mobilizaram por sua causa, atirando insultos à acusadora e gritando "queimem a vadia" do lado de fora do tribunal.[5]

Nos casos onde as vítimas de estupro são estigmatizadas há consequências horríveis para a epidemia da Aids. A maior parte dos estupros não são denunciados na África do Sul, por causa da vergonha associada a tal violência e a ser HIV positivo. Mulheres que foram estupradas temem ser culpabilizadas ou ostracizadas se procurarem ajuda ou denunciarem o crime – sua manifestação é reprimida pela vergonha.

Esses medos são muito bem fundamentados. Mesmo se uma mulher for às autoridades, é improvável que ela consiga a ajuda de que necessita. Sobreviventes de estupro podem ter que esperar à beira da estrada até serem recolhidas pela polícia, levadas para a delegacia para prestar queixa e, muitas horas depois, transportadas para um hospital para exame e tratamento. A polícia frequentemente ignora por completo essas ocorrências. Este processo altamente degradante e ineficaz raramente resulta na prisão dos perpetradores ou em ajuda para as sobreviventes do estupro. Então a maioria das mulheres molestadas sexualmente passa por isso sozinha. Elas enxugam as próprias lágrimas e encontram um jeito de seguir em frente.

Mas se as sobreviventes de estupro não se manifestarem, se elas não procurarem por cuidados médicos, não terão acesso a medicamentos de profilaxia pós-exposição emergencial (PEP, em inglês), um tipo de tratamento antirretroviral que pode prevenir a infecção pelo HIV dentro de uma curta janela de tempo após a exposição. Assim, as epidemias de estupro e Aids se entrelaçam para formar uma horrível espiral ascendente.

Minha fundação decidiu fazer algo a respeito do estigma em torno do estupro e da Aids na África do Sul e da falta de cuidados disponíveis para mulheres e crianças sexualmente molestadas. Nossa intenção era oferecer os melhores serviços para os que tinham tão pouco à disposição. Para isso, em 2002 nos unimos aos Médicos Sem Fronteiras e a uma rede de mais de quinze organizações locais para estabelecer um centro de cuidados agudos que funcionasse 24 horas por dia, 7 dias por semana para atender sobreviventes de estupro em Khayelitsha, um grande município na periferia da Cidade do Cabo. O centro, chamado Simelela, é o primeiro do tipo na África do Sul. Em Xhosa, o idioma local, "Simelela" significa "apoiar-se".

O Simelela oferece atendimento médico e também tenta combater o estigma de estupro e violência contra mulheres, possibilitando que elas possam ter um pouco mais de controle sobre suas vidas sexuais. As mulheres podem chegar a qualquer hora do dia ou da noite, e receber tratamento. Os funcionários da clínica levam mulheres que necessitam de auxílio ao centro. Espantosamente, garotas com menos de catorze anos constituem um terço das pacientes do Simelela. Mas a boa notícia é que o Simelela pode ajudá-las. A equipe fornece atendimento médico pós-estupro, tratamento PEP para prevenir HIV a quem necessitar e exames forenses, e também as ajudam a fazer um relato detalhado para a polícia. Mulheres e crianças que visitam o Simelela são tratadas com dignidade, carinho e amor.

Antes do Simelela, esse nível de apoio para as vítimas de estupro era quase inexistente. Hoje, graças à dedicação e ao trabalho árduo dos técnicos de saúde do centro, a epidemia de estupro e HIV da Cidade do Cabo está sendo enfrentada de cabeça erguida, e com verdadeiros resultados. Nenhuma paciente do centro que tenha recebido tratamento PEP contraiu HIV. E pouco depois que o Simelela foi fundado, a clínica já estava recebendo mais vítimas de estupro em um mês do que o único outro serviço até então disponível – a cerca de quinze quilômetros de distância – viu em um ano. Hoje, a equipe do Simelela também trabalha com a polícia local, outras clínicas e tribunais para assegurar que a confidencialidade de cada mulher esteja protegida e que ela tenha apoio em cada passo do caminho.

O Simelela cresceu e começou a estender seu alcance. É agora reconhecido como um modelo de cuidados pós-estupro na África do Sul. De fato, o modelo do Simelela está até sendo incorporado em um novo hospital distrital no centro de Khayelitsha para fornecer um serviço modelo para mulheres e crianças vítimas de estupro.

Ainda temos um longo caminho pela frente. Mudar a atitude das pessoas em relação às mulheres, ao HIV e à violência sexual não vai acontecer de uma hora para outra. Mas o fato de que os sobreviventes de estupro em Khayelitsha agora têm um lugar onde buscar ajuda é uma tremenda vitória. Construir um centro de crise de estupro, reconhecer que o estupro é realmente uma crise e que os sobreviventes precisam de atendimento – estes são passos monumentais. O Simelela está começando a quebrar o estigma ao redor da violência sexual.

Quando visitei o centro Simelela em 2007, conheci uma jovem extraordinária chamada Fumana. Ela foi estuprada por seu primo quando tinha apenas oito anos de idade. Ela não contou a ninguém. Depois, seu teste para HIV se revelou positivo. Mas ela me contou a coisa mais notável. Hoje ela diz que tem *orgulho* de saber seu status de HIV. Ela tem orgulho porque a maioria das pessoas tem medo de conversar sobre a doença, medo de falar sobre estupro, e então não faz o teste, e não sabe sua condição. Mas esta bela e saudável mulher sabe sobre sua doença, está recebendo tratamento para ela, e tem o *poder* de uma sobrevivente de violência sexual. Fumana fala sobre o que passou, e assim está ajudando a quebrar o estigma em volta da doença. Na verdade, Fumana agora estuda medicina legal, para que ela também possa ajudar vítimas de estupro.

Eu fiquei profundamente comovido em conhecê-la. Eu lhe disse que, ao compartilhar sua história e falar sobre sua condição, ela é uma verdadeira heroína. Quanto mais vozes forem ouvidas, quanto mais heróis se apresentarem, menos a sociedade pode ignorar a realidade do estupro e da Aids na África do Sul. Eu devo observar que a história de Fumana e o trabalho da EJAF com o Simelela inspiraram nosso apoio a serviços em clínicas em Uganda e Quênia, atendendo milhares de mulheres. Fumana, com a sua coragem, ajudou a todas.

Tenho muito orgulho do trabalho do Simelela. Eu sei que faz diferença. Mas quantas mulheres sul-africanas foram estupradas desde que você começou a ler este capítulo? Quantas crianças tiveram sua inocência arrancada? Quantas pessoas serão infectadas com HIV porque o estigma evita que elas recebam a educação, atendimento e tratamento de que necessitam para prevenir isso? Quantas vão morrer como resultado?

A Aids nunca será erradicada até que confrontemos a realidade da epidemia e de como ela se espalha. Isso significa lidar diretamente com os assuntos mais difíceis que a sociedade enfrenta, incluindo miséria, uso de drogas, identidade sexual e sim, violência sexual. E a única forma de fazer isso, a única forma de encarar estas verdades é superando nossos próprios preconceitos, superando o estigma.

É o estigma que nos impede de fazer o que é necessário para acabar com esta epidemia. É o estigma que não nos deixa confrontar a realidade. Para acabar com a Aids, devemos acabar com o estigma. É o maior obstáculo para deter a epidemia global. Vi como as vidas das pessoas podem ser arruinadas por causa dele. Vi como a resposta da sociedade à epidemia da Aids pode ser prejudicada por ele. Mas também vi como, com tempo e esforço, o estigma pode ser aliviado.

John Scott uma vez me contou a história de quando, em 1993, ele e nosso amigo muito próximo Eli Saleeby, um dos membros fundadores da EJAF, foram visitar um amigo deles que tinha Aids em estado avançado. Quando John e Eli chegaram ao apartamento de seu amigo em Atlanta, ele estava tão doente que precisou ser levado ao hospital imediatamente. O amigo deles foi transportado em uma ambulância especial para pacientes de Aids, porque, como eu disse, durante os primeiros anos da epidemia, até os trabalhadores da área de saúde temiam desnecessariamente pessoas com HIV/Aids.

A ambulância levou o amigo de John e Eli para uma unidade de tratamento de indigentes no centro de Atlanta, mas John e Eli queriam ter certeza de que ele receberia o melhor tratamento médico possível, então conseguiram que seu amigo fosse transferido para o Grady Hospital, o maior centro médico da cidade. Neste ponto, o amigo de John e Eli estava extremamente debilitado, vomitando e com diarreia, e sofrendo dores terríveis. Mas quando chegou ao Grady Hospital, ele ficou em uma maca no corredor por quase 24 horas. Por um dia inteiro, ele ficou ali, definhando em seu sofrimento e humilhação, como se ele não tivesse importância alguma. Ninguém queria lidar com ele, ficar perto dele, tratar dele. Tal era o estigma em torno da Aids em um grande hospital americano em 1993.

Avancemos para 2010, quando o próprio Eli já vivia com o HIV há dezenove anos. Ele acabou desenvolvendo complicações severas, incluindo linfoma. Aconteceu tão rápido que quando os médicos de Eli começaram a tratar o câncer, ele já havia se espalhado como fogo. John recebeu um telefonema um dia.

Eli havia caído no estacionamento de uma farmácia e não sabia quem ele era ou onde ele estava. John pegou o primeiro voo que conseguiu e chegou ao exato mesmo hospital aonde ele e Eli haviam levado seu amigo quase vinte anos antes, o Grady, em Atlanta. John não conseguiu deixar de pensar na experiência que eles haviam tido ali no passado.

Mas dessa vez, foi uma história completamente diferente. John não encontrou Eli abandonado como um pária em algum corredor. Pelo contrário, Eli estava sendo atendido por uma equipe médica de seis pessoas. Eles imediatamente puseram John a par da situação, explicando-lhe a condição de seu amigo. Eles trataram Eli, e John também, com total respeito e solidariedade. Eles não se importavam com a doença de Eli – eles se importavam com Eli. E fizeram tudo que podiam por ele. Infelizmente, Eli morreu, mas em paz e com a dignidade que ele merecia.

Lutar contra o estigma é um trabalho difícil. Com o tempo, ele pode ser vencido – e será, mas apenas quando reconhecermos o que é o estigma, como ele funciona, e por que ele é tão mortal quando se trata de HIV/Aids. Muitas pesquisas foram feitas sobre o estigma, estudos conduzidos e publicados por pessoas com muito mais conhecimento que eu. Não sou especialista, mas qualquer um pode entender o básico. Todos vimos e passamos por isso.

Consideremos como frequentemente estigmatizamos a aparência de uma pessoa – a altura, peso ou característica ou deformidade física de uma pessoa que foge do que achamos que seja "normal". Outro tipo de estigma tem raiz em julgamentos morais ou religiosos. Impomos nossos próprios valores sobre os outros, e os condenamos por não se encaixarem no que achamos ser o modo "correto" de viver. Vemos viciados como "sem força de vontade", por exemplo, ou homossexuais como "pecaminosos", e os marginalizamos de acordo. E então há o antigo estigma baseado nas várias diferenças entre as pessoas – por exemplo, raça, classe, fé, gênero, etnia, nacionalidade ou identidade sexual.[6]

A Aids toca em muitos desses estigmas ao mesmo tempo. A doença pode ser visível e debilitante. É espalhada através de sexo e agulhas compartilhadas. Ela atinge desproporcionalmente gays, minorias e os miseráveis. Muito rapidamente, construímos várias camadas de estigma. Quanto mais camadas, mais difícil se torna removê-las.[7]

Este é o cerne da crise da Aids e a razão de ela ser tão difícil de derrotar. Graças ao estigma, em vez de dirigir nossa animosidade e medo à doença de uma pessoa, a direcionamos à pessoa doente. No final, isso torna a epidemia ainda pior. Pessoas HIV positivas são empurradas para a sombra. Frequentemente não recebem tratamento ou cuidados, porque têm medo de tornar pública sua condição. Elas têm medo de contar às suas famílias e aos seus médicos. Elas têm medo de procurar tratamento. Elas têm vergonha. E esta vergonha é mortal.

Recentemente, alguém que eu conhecia há muito tempo me confidenciou ter tido resultado positivo no exame de HIV. Ele estava com tanto medo de me contar que mal conseguia me olhar nos olhos. Ele achou que eu ficaria bravo com ele, que o rejeitaria. Ele achou que eu lhe diria que ele tinha sido irresponsável, e eu não ia mais querer ser seu amigo. Ele disse: "Elton, você me perdoa?". Fiquei em choque. Eu respondi: "como assim, perdoar você? Não há nada para perdoar. Você não fez nada de errado. Você é meu amigo e eu amo você". Ali estava ele, assustado com a doença, envergonhado de contar a um velho amigo, e aborrecido consigo mesmo por ter contraído HIV, tudo de uma vez. Este é o perigo do estigma. Você não pode subestimar como ele é poderoso.

E uma força muito antiga, ainda por cima. A Aids não é a primeira doença a ter sido estigmatizada, claro. Nem de longe. Doenças venéreas como sífilis, por exemplo, foram por muito tempo estigmatizadas como indicadoras da vida sexual e moral de uma pessoa. Ao longo da história, pessoas com sífilis foram rejeitadas e desprezadas. Nos Estados Unidos, por exemplo, populações de imigrantes foram consideradas particularmente propensas à doença e sua disseminação. Pessoas que já odiavam imigrantes tinham mais um motivo para detestá-los.

Mesmo doenças não venéreas foram estigmatizadas por muito tempo. Em 1832, uma epidemia de cólera eclodiu em bairros de Nova York onde minorias étnicas e imigrantes pobres se concentravam. Achava-se que a doença era espalhada por comportamento sexual "imoral" e uso de álcool. E os aposentos apertados, sujos e sem higiene em que estas comunidades empobrecidas residiam – e que certamente contribuíram para a disseminação da doença – se tornaram o alvo do desprezo da sociedade, em vez de preocupação. Pessoas ricas achavam que a cólera fosse algo que afetava apenas os pobres. Portanto, ela seguiu sem tratamento. Essa falta de compaixão, enraizada no estigma, permitiu que a cólera finalmente chegasse sem bloqueios até a população geral. Claro, a sociedade só começou a fazer algo a respeito depois de a doença ter se tornado generalizada.[8]

Um século e meio depois, a epidemia da Aids seguiu um curso similar. Começou nos anos 1980 como uma "doença gay". Na época, a homofobia impediu que o governo dos Estados Unidos permitisse o financiamento de quaisquer programas ou materiais educacionais que incluíssem instruções sobre como fazer sexo homossexual seguro. Graças a pessoas como o senador Jesse Helms, baniu-se o financiamento federal para qualquer material de educação sobre Aids que parecesse apoiar ou encorajar, mesmo que indiretamente, "atividades homossexuais".[9] Em outras palavras, não se podia ensinar aos gays como fazer sexo seguro. Claro, isso permitiu ao HIV se espalhar, e se espalhar, e se espalhar. Se o governo tivesse se importado com os gays, se os homossexuais não tivessem sido tão estigmatizados, a epidemia poderia ter sido, até certo ponto, contida. Mas o governo não se importou com os gays, o HIV se espalhou incontrolavelmente, e estamos sofrendo o impacto dessa indiferença até hoje.

Infelizmente, os governos ainda não aprenderam a lição fundamental que diz que para derrotar uma doença infecciosa, você deve tratar a todos igualmente, com compaixão e dignidade. Lembrei disso durante o trecho europeu da minha turnê de shows em 2010. Um dia, lendo o jornal durante o café da manhã, deparei-me com uma história horrível. No Maláui, Tiwonge Chimbalanga, uma mulher transgênero, e Steven Monjeza, um homem, haviam sido sentenciados cada um a catorze anos de trabalhos forçados na prisão. Eles haviam sido julgados por cometer "atos indecentes". Seu crime foi apenas terem se apaixonado.

Eu fiquei chocado e enojado. O Maláui tem uma terrível epidemia de Aids, uma das piores do mundo. Quase 12% da população com idade entre 15 e 49 anos é HIV positiva. Mais de 50 mil pessoas morrem de Aids todo ano. Por isso a EJAF trabalha no Maláui desde 1998, ajudando com tratamentos e esforços de prevenção; em 2006, cofundamos um projeto dos Médicos Sem Fronteiras no distrito de Thyolo para ajudar o governo local a fornecer acesso universal a tratamento para todos os malauianos soropositivos. Foi um grande sucesso, muito devido à política do governo de não discriminar no que diz respeito a acesso a cuidados. Teoricamente todos deveriam ser capazes de receber tratamento, inclusive gays.

Quando soube da perseguição e condenação de Chimbalanga e Monjeza, meu primeiro pensamento foi sobre a terrível injustiça de sua situação. Depois pensei no impacto destrutivo que as ações do governo teriam em nosso trabalho de tratamento e prevenção de HIV no Maláui. Com a ameaça de julgamento iminente, os gays se sentiriam menos dispostos a procurar tratamento através de um programa governamental. Estigmatizando um subgrupo, transformando-o em exemplo jurídico, o governo malauiano estava levando a Aids um pouco mais para as sombras, perpetuando a epidemia que eles esperavam eliminar. Este tipo de discriminação sancionada pelo Estado custa vidas, e agiu contra o trabalho que a EJAF estava financiando no Maláui. Não guardei esses pensamentos para mim mesmo, claro, e escrevi uma carta aberta ao presidente do Maláui, Bingu wa Mutharika, que foi publicada no jornal britânico *The Guardian*. Felizmente, Chimbalanga e Monjeza receberam perdão e foram dispensados de suas sentenças injustas.

Lendo sobre Chimbalanga e Monjeza, também foi inevitável lembrar do dia em que me uni legalmente ao homem que amo. David e eu estávamos juntos há doze anos àquela altura. Foi importante para nós dois obter nossa parceria civil no primeiro dia em que ela se tornou legal no Reino Unido: 21 de dezembro de 2005. Fomos à prefeitura em Windsor e, honestamente, não sabíamos o que esperar. Achamos que algumas pessoas cheias de ódio poderiam reagir negativamente à ideia de parcerias do mesmo sexo. Estávamos receosos de que eles fossem descontar seu preconceito sobre nós. E ficamos felizes – e muito aliviados – quando recebemos apenas bons votos carinhosos naquele dia especial. Nem um sentimento de ódio ou preconceito foi expressado. E tem sido assim desde então.

David e eu somos um casal assumidamente gay, muito apaixonado, muito exposto publicamente, e as pessoas nos tratam maravilhosamente em qualquer lugar do mundo, da África à Ásia e ao Oriente Médio. É claro, não somos um casal gay normal. Somos celebridades, e eu sei que somos tratados de forma diferente por causa disso. E mesmo assim, a aceitação que David e eu temos a sorte de vivenciar me dá esperança de que um dia os gays de todos os lugares serão aceitos como eles são, e tratados da mesma forma como nós somos tratados, da mesma forma como casais heterossexuais são tratados. Todo mundo, inclusive Chimbalanga e Monjeza, deveria poder se amar abertamente e em paz como David e eu. Infelizmente, a grande maioria dos gays no mundo sofre algum grau de homofobia. Na verdade, a homossexualidade é banida em lugares demais para nomear. Sexo gay é crime em mais de 76 países.[10]

Discriminar gays é errado, mas é muito mais que isso. A homofobia prejudica a todos nas sociedades em que é prevalecente, porque atrapalha a educação em saúde, frustra atividades que poderiam ajudar a prevenir a disseminação do HIV, e desencoraja as pessoas a procurar tratamento. Em Uganda, por exemplo, uma estação de rádio foi multada quando um de seus programas discutiu a necessidade de serviços de HIV/Aids para homens gays.[11] Na Índia, pessoas foram presas, espancadas e acusadas sob leis antisodomia por distribuir informações sobre sexo seguro.[12] Gays em muitos países africanos apresentam mais risco de contrair a doença porque têm menos chance de receber informação e tratamento.

Lutar contra a homofobia é fundamental para lutar contra a Aids, porque o estigma associado com ser gay impede a resposta que precisamos para vencer esta doença.

Para entender isso, considere a epidemia de Aids na Tailândia, como foi detalhado em um relatório recente pela amfAR.[13] Muitos países da Ásia, incluindo a Tailândia, declararam guerra à Aids há décadas, e alguns fizeram progressos reais. Mas quase todos falharam em conseguir deter a disseminação da Aids entre homens gays, porque a homossexualidade em muitas comunidades asiáticas é terrivelmente estigmatizada. Este certamente é o caso da Tailândia.

No meio dos anos 1980, o Ministério de Saúde Pública tailandês conhecia apenas 43 casos relatados de Aids. Quase não havia trabalhos de prevenção, já que o governo não considerava a Aids um problema real. Em 1987, a taxa oficial de Aids era quase zero. Mas em 1989, ela subiu para algo entre 18 e 52% entre diferentes grupos de usuários de drogas injetáveis. Em apenas um ano, de junho de 1988 ao final de 1989, a taxa subiu de zero a 43% entre profissionais do sexo em Chiang Mai.

Naturalmente, o governo percebeu. Eles sabiamente instituíram uma gama de esforços de prevenção, incluindo uma campanha de distribuição de camisinhas que estimava prevenir 8 milhões de novos contágios. Eles foram agressivos e bem-sucedidos. Os índices de sexo extraconjugal caíram. Visitas a bordeis diminuíram. O uso de preservativos aumentou. Os resultados foram significativos e levaram a um declínio dramático em novos casos de HIV, de 143 mil novas infecções em 1991 para 19 mil em 2003. Em 2004, a comunidade global de Aids se reuniu em Bangcoc na XV Conferência Internacional sobre Aids, em parte para marcar a resposta bem-sucedida da Tailândia e promovê-la como exemplo a ser replicado em outros lugares.

Mas aqui está o problema: as campanhas governamentais de combate à Aids nunca foram dirigidas a homens que fazem sexo com outros homens. Isto era desconfortável demais, tabu demais. E assim, essa comunidade foi ignorada na Tailândia. Não foi surpresa, então, que as coisas continuassem a piorar. Homens continuavam a fazer sexo sem proteção uns com os outros. Eles continuavam a contrair HIV em números alarmantes. E continuavam a morrer. Enquanto as taxas de infecção pelo HIV em outros grupos na Tailândia baixavam, o índice de infecção para homens que faziam sexo com homens estava disparando. Em 2003, era mais de 17%. Em 2005, 28% eram HIV positivos.

Para mim, a Tailândia é o exemplo perfeito do que está errado com a resposta à Aids atualmente. É o exemplo perfeito de como o estigma dissemina a Aids. O governo da Tailândia viu um problema. Eles viram seu povo ficar doente e morrer. Para seu grande mérito, eles estenderam a mão tanto às populações marginalizadas como para o público geral da mesma forma. Eles forneceram informações cruciais para prevenção e implantaram programas para usuários de drogas, prostitutas e os miseráveis. É de fato impressionante quanto esforço o governo fez para alcançar as populações tradicionalmente estigmatizadas. Mas o estigma contra a homossexualidade era tão profundo que não podia ser superado. E por esse motivo, entre outros, a Tailândia ainda tem uma epidemia de Aids muito grave nas mãos.

Quando se trata de homofobia, o que é verdade nos países em desenvolvimento se aplica aos países ricos também. De acordo com o CDC, o único grupo nos Estados Unidos com índices de HIV que aumentaram significativamente entre 2006 e 2009 foi o de homens gays e bissexuais, e particularmente homens gays e bissexuais negros com menos de trinta anos.[14] E não é surpresa. A homossexualidade é ainda incrivelmente estigmatizada nos Estados Unidos, em particular na comunidade negra.

Há tantos estigmas a serem confrontados, tantas camadas a serem removidas para expor a realidade da epidemia da Aids. Muitas delas estão relacionadas a sexo ou identidade sexual. Afinal, sexo é a forma mais comum de disseminação do HIV. Mas ele também é espalhado através de uso de drogas injetáveis, que é responsável por cerca de 9% de novas infecções pelo HIV nos Estados Unidos. Compartilhar agulhas é comum entre os viciados. Afinal de contas, agulhas custam dinheiro, e quando você está viciado em heroína, seu único pensamento é conseguir pagar a droga. Por que comprar uma agulha quando você pode pegar uma emprestada? Tragicamente, é assim que muitas pessoas contraíram HIV, compartilhando uma agulha com alguém que possuía o vírus.

Felizmente, há um jeito muito fácil de prevenir a disseminação do HIV entre os usuários de drogas injetáveis. Programas de troca de agulhas fornecem agulhas limpas aos usuários ativos. É um meio direto e barato de prevenir novos casos de HIV. Também é eficaz em combater o vício, porque a maioria dos programas de troca de agulhas serve como ponte entre os viciados e os tratamentos de drogas. É exatamente o que precisamos para tirar as pessoas das drogas e deter a disseminação do HIV ao mesmo tempo. O primeiro programa de troca de agulhas no mundo foi estabelecido em 1984, em Amsterdã. Graças a um robusto esforço de troca de agulhas e a um conjunto de popularização de testes de HIV, aconselhamento e programas de tratamento para viciados em Amsterdã, com o tempo houve uma redução significativa não apenas do HIV, mas também de doenças como hepatite B.[15] Os programas de troca de agulhas tiveram um incrível sucesso naquela cidade e em muitas outras.

A troca de agulhas claramente funciona. Mas nos Estados Unidos, é contra a lei o governo federal gastar dinheiro em programas de troca de agulhas. E há apenas um motivo para uma política tão ridícula: estigma.

Muitos políticos americanos se opõem a tais programas por motivos morais ou políticos. Eles não gostam da ideia de usar dinheiro dos impostos para um serviço que ajuda, em vez de punir, os usuários de drogas, mesmo que isso previna a disseminação de uma doença mortal e ajude aos usuários ativos a afastarem-se gradualmente das drogas. Membros conservadores do Congresso tiveram sucesso em bloquear o financiamento federal de programas de troca de agulhas durante duas décadas, apesar de estudos das agências de saúde do governo, incluindo os Institutos Nacionais de Saúde, terem revelado que estes programas realmente funcionam.[16] em 2009, o Congresso finalmente aprovou a permissão do apoio federal para troca de agulhas. Infelizmente, em 2012, o Congresso reinstituiu o banimento por razões políticas.

Um programa de troca de agulhas nacional com financiamento federal nos Estados Unidos poderia prevenir 4 mil novas infecções de HIV por ano. Poderia reduzir drasticamente a incidência de Aids. Poderia conter drasticamente o uso de drogas. Por Deus, poderia até economizar o dinheiro gasto em policiamento, hospitalização para os não segurados e programas de tratamento para pessoas com HIV. O programa acabaria por se pagar. Mas graças ao estigma em torno do uso de drogas, o governo dos Estados Unidos teimosamente ignora a saúde e bem-estar dos viciados vulneráveis. Ele ignora a realidade das drogas e da Aids nos Estados Unidos. Isto custa vidas de uma forma muito real e trágica.

Mesmo nos Estados Unidos, mesmo após trinta anos de epidemia da Aids, mesmo após o tremendo progresso que tivemos na compreensão e tratamento do HIV/Aids, o estigma em volta da doença é significativo. Hoje, 34 estados americanos têm leis criminais que punem os soropositivos por expor outra pessoa ao vírus – mesmo que não haja risco real, que não haja transmissão real. Muitos soropositivos estão hoje na prisão, cumprindo sentenças absurdamente longas, por supostos "crimes" como morder e cuspir. Não importa que não haja maneira de transmitir o HIV pela saliva. O estigma é tão forte que deturpou as leis do país e arruinou incontáveis vidas.

Em 2011, vi um curta-metragem incrível, *HIV Is Not a Crime* [HIV Não é um Crime], produzido e dirigido por Sean Strub, um ativista da Aids de longa data e um verdadeiro herói do movimento. Ele conta histórias lancinantes de americanos cujas vidas foram destruídas graças a julgamentos baseados em sua condição de HIV.[17]

Nick Rhoades, por exemplo, tinha uma carga viral indetectável, usou preservativo e não transmitiu HIV a seu parceiro. Contudo, ele e seu parceiro romperam mais tarde, se afastaram e seu ex-parceiro processou Nick baseado apenas em seu status de soropositivo. Nick foi processado por crime de primeiro grau de classe B, que está no mesmo nível de homicídio culposo e sequestro. Ele foi condenado a 25 anos de prisão e classificado como agressor sexual por toda a vida. Sobre seu julgamento e sentença, Nick disse: "HIV. Gay. Sexo. É como um presente embrulhado dado de bandeja (para os acusadores). Não importam os fatos ou a ciência".

No final, Nick foi poupado da sentença de 25 anos, e em vez disso cumpriu cinco anos em liberdade condicional. Ele ainda precisa se registrar como agressor sexual a cada três meses, não pode visitar sites de redes sociais e precisa usar uma tornozeleira com GPS para ser monitorado 24 horas por dia. Por ser HIV positivo, ele foi tratado como um criminoso completo.

O filme de Sean também conta a história de Monique, que foi acusada sob uma lei similar. Apesar de insistir em sexo seguro, ela não havia revelado seu status de HIV ao seu parceiro. Monique tinha medo do estigma do HIV em sua comunidade. Ela depois foi julgada por não ter contado ao parceiro que era HIV positiva. O julgamento de Monique apenas validou os seus maiores medos de como a sociedade responderia à sua doença.

O estigma em torno da Aids cria um círculo vicioso e mortal. Ele encoraja os que têm HIV a esconder seu status, porque eles têm medo de serem não apenas ostracizados, mas também criminalizados. Ele encoraja a sociedade a culpar aqueles com HIV. Ele racionaliza os preconceitos pré-existentes. Ele obstrui a resposta de que precisamos para frear a epidemia. De fato, ele faz com que a epidemia se espalhe. Na verdade, o estigma é uma das razões principais de a epidemia estar piorando em certas populações, mesmo enquanto fazemos progressos em outras.

É alguma surpresa que haja uma grande incidência de Aids entre usuários de drogas injetáveis nos países onde o uso dessas drogas é estigmatizado? É alguma surpresa que o estupro seja uma das principais causas de transmissão do HIV na África do Sul, onde o estupro em si é uma causa de vergonha para mulheres e uma realidade que a sociedade há muito se recusa a reconhecer, quanto mais confrontar?

Em um artigo que li, a chefe da Northeast Florida Aids Network em Jacksonville disse que estava tendo dificuldades em achar um escritório para a organização. Os donos dos imóveis se recusavam a alugar para ela porque não queriam pessoas com Aids em seus edifícios.[18] É alguma surpresa então que Jacksonville, Flórida, tenha o terceiro maior índice de novos casos de Aids entre as cidades americanas? É alguma surpresa que cerca de 240 mil americanos tenham HIV mas não saibam disso, visto que o HIV foi criminalizado na maioria dos Estados americanos? Quem gostaria de saber seu status de HIV se o resultado positivo pode levá-lo para trás das grades?

De uma forma enviesada, tudo faz sentido. Os lugares onde o estigma é mais forte contam com as piores epidemias de Aids. Isso acontece porque o próprio estigma impede uma resposta apropriada à doença. Ele não apenas perpetua a epidemia; o estigma torna a epidemia impossível de ser derrotada.

Mas aqui está: se o mundo todo, cada governo, cada ONG, cada indivíduo decidisse amanhã que a troca de agulhas não é algo ruim, que deveríamos, na verdade, começar programas de trocas de agulhas em todo o mundo, programas que alcançariam até o último usuário de drogas injetáveis, eliminaríamos a doença nessa população. E mesmo assim a Aids continuaria a existir na Uganda, onde a homossexualidade é ilegal e punida com a morte. A Aids continuaria existindo em Bangladesh, onde profissionais do sexo não têm direitos, são vítimas frequentes de violência e quase totalmente incapazes de se proteger da doença porque são estigmatizadas. A Aids ainda existiria na África do Sul, onde o HIV é espalhado principalmente por sexo heterossexual, e onde o estigma em torno da violência sexual complica a resposta da sociedade.

A menos que erradiquemos o estigma no mundo, nunca erradicaremos a Aids no mundo.

7
O cerne da questão

Estou longe de ser a primeira pessoa a pregar a importância da compaixão, na verdade a *necessidade* da compaixão, no que diz respeito ao combate à Aids. Muito antes de eu ter me envolvido neste trabalho, muitos profissionais brilhantes e dedicados do mundo inteiro já orquestravam uma resposta solidária à epidemia. Estou simples e humildemente seguindo seus passos. E embora eu jamais vá sugerir que seja um especialista em Aids, posso dizer que vi muita coisa através do trabalho de minha fundação.

Ao longo dos anos, tive a oportunidade de conhecer alguns dos maiores heróis da luta global contra a Aids. Entre eles, meus muitos extraordinários colegas no mundo inteiro que estão nas trincheiras, dia após dia. Tive sorte de poder viajar o mundo e visitar dezenas de projetos que a EJAF financiou. Vi a diferença que esses heróis estão fazendo. A compaixão é um sentimento bom, mas é muito mais que isso. Vi com meus próprios olhos o que é possível quando a compaixão é posta em prática. As organizações que minha fundação apoia fizeram progressos incríveis no combate ao estigma e à Aids por meio de suas políticas e programas solidários.

Tento espalhar essa mensagem por todo lugar aonde vou, e nem sempre ela é bem recebida. Em 2007, minha fundação organizou um concerto gratuito na Ucrânia para conscientizar as pessoas sobre a terrível crise de Aids naquele país. Infelizmente, grupos religiosos encorajaram as pessoas a nos boicotar. Eles acreditavam que os gays eram responsáveis pela disseminação da Aids e que eu estava promovendo propaganda homossexual. No entanto, no dia do concerto, de trás do meu piano naquela noite de junho, fiquei surpreso e encantado de ver centenas de milhares de pessoas, inclusive vários líderes religiosos, lotando a Praça da Independência em Kiev. Eles não foram dissuadidos pela intolerância e pelo estigma que cercam a homossexualidade e a Aids. Eu disse ao público que estava lá para que apoiassem a luta do país deles contra o HIV e a Aids, e pedi que encontrassem a coragem de dar amor e apoio a todos aqueles que estivessem vivendo com a doença. O público veio abaixo, o que me encheu de esperança. Isso me fez pensar em quão longe havíamos chegado desde que a EJAF começou a trabalhar na Ucrânia, cinco anos antes, em 2002.

A Ucrânia tem a pior epidemia de HIV/Aids no Leste Europeu, com mais de 400 mil pessoas infectadas e o índice de novas infecções que mais rápido cresce no mundo. A epidemia ali é um exemplo clássico de como o estigma e o medo andam de mãos dadas com a doença, disseminando-a em maior escala e matando as pessoas mais rapidamente.

Sessenta por cento dos ucranianos infectados são tragicamente jovens, com idades entre 20 e 24 anos. Os que estão em maior risco são os 100 mil jovens sem teto em grandes cidades como Kiev, Odessa e Donetsk. Você pode encontrá-los espalhados em ruas decadentes ou prédios abandonados, relíquias da era soviética. Muitos deles recorrem à prostituição para sobreviver; 35% dos que fazem isso têm HIV/Aids. Outros entorpecem suas dolorosas vidas injetando drogas baratas, como um coquetel chamado "screw" feito de líquido cirúrgico, xarope de tosse e pontas de fósforos. Mais de 40% desses jovens viciados e sem lar são HIV positivos.[1]

Esses jovens, e muitos outros ucranianos HIV positivos de todo o país, muitas vezes foram tratados com desprezo por grupos religiosos, por suas comunidades, por pessoas que acham que a Aids é causada pelo pecado. Eles são rejeitados. Cuspidos. Ostracizados. Humilhados. Ter sua humanidade totalmente negada por seja lá o que for que você está passando é a pior coisa que pode acontecer a alguém. Como eu disse, não ter ninguém que se importe, cuide ou pense em você é o sentimento mais doloroso que um ser humano pode experienciar. Fazer com que as pessoas sintam que estão totalmente sozinhas em sua luta, que são invisíveis para todos, sejam quais forem suas circunstâncias, é totalmente desumano. Por muito tempo foi exatamente por esse apuro que passaram aqueles que estavam doentes e morrendo de Aids na Ucrânia.

O governo ucraniano não era totalmente indiferente ao problema. Em 2000, as autoridades lhe deram o devido respeito (ao menos verbal), classificando a situação como emergência nacional. Mas infelizmente o que aconteceu depois é o que acontece em muitos países. O governo criou uma estrutura incoerente, frouxa e com recursos insuficientes para combater a doença. Era um plano só no nome. Eles fizeram decretos com nomes pomposos, aprovaram algumas leis, criaram alguns programas. Mas na prática, na vida das pessoas de verdade – especialmente pessoas estigmatizadas – nada aconteceu. Nada mudou.

No meio tempo, a doença se espalhou. Prostitutas, usuários de drogas, gays, jovens, todos os que tinham os maiores índices da doença, tinham medo de procurar tratamento. Quem procuraria, diante de tanta intolerância? Homens gays, em especial, ficavam apavorados em pensar no que aconteceria se saíssem do escuro. Aqueles que saíram basicamente ouviam: "Não há nada que possamos fazer por você. Vá para casa e morra".

Quando a EJAF começou a trabalhar na Ucrânia, havia somente algumas poucas clínicas onde as pessoas podiam obter de forma segura o tratamento do qual precisavam. Um desses refúgios era a Clínica Lavra em Kiev, bem ao lado da histórica Igreja Ortodoxa da cidade, a Kiev-Pechersk Lavra, ou Mosteiro das Cavernas. Pessoas com HIV/Aids de toda a Ucrânia faziam o que fosse preciso – caminhavam, tomavam o ônibus, pegavam carona, se arrastavam, usavam todas suas economias – para chegar até Lavra e receber um tratamento vital em um ambiente acolhedor e não discriminatório.

Mas para responder a uma epidemia tão ampla e de rápido crescimento, era necessária muito mais mobilização. Então a EJAF se envolveu com um grupo incrível chamado Rede dos Ucranianos Portadores de HIV/Aids (All Ukranian Network of People Living with HIV/Aids, ou AUKN de forma abreviada em inglês). É uma organização de pessoas HIV positivas, algumas das mais marginalizadas na Ucrânia, um grupo de ex-usuários de drogas, os párias, os desesperançados. Nós trabalhamos com eles por cerca de três anos para ajudar a construir sua organização e estabelecer uma série de programas por todo o país. Inicialmente, a AUKN alcançava cerca de 1.700 pessoas a cada mês.

Hoje, o seu impacto cresceu mais de trinta vezes, conectando aproximadamente 57 mil pessoas que vivem com HIV/Aids e 5.500 crianças afetadas pela doença aos serviços dos quais necessitam. Como eles mesmos são uma rede de pessoas infectadas e afetadas pelo HIV, também estão rompendo com o estigma e a discriminação que servem como barreiras para o tratamento ao alcançarem 53 mil presidiários com o teste de HIV.

A AUKN incorpora um princípio crítico do trabalho da EJAF. Você precisa ir até onde a doença está. Precisa olhar diretamente para as mais tenebrosas realidades de nossa sociedade e descobrir quem está nas margens, quem mais está sofrendo. Essas são as pessoas que precisam de nossa ajuda. E, por sinal, essas também são as pessoas que podem mudar o curso da epidemia.

Quando chegou 2007, a AUKN era amplamente respeitada e elogiada por seu bem-sucedido trabalho. Na verdade, quando foi revelado que o Ministério da Saúde ucraniano era tão corrupto que o Fundo Global de Luta contra Aids, Tuberculose e Malária decidiu não financiar seus programas para a Aids, a AUKN interveio. O Fundo Global selecionou a AUKN como o receptor oficial da Ucrânia de uma grande doação para combater a Aids. Essa rede de pessoas sem posses agora gerencia um orçamento de 51,9 milhões de dólares do Fundo Global, para tratamentos de Aids em toda a Ucrânia! É claro, eles puderam fazer isso porque, anos antes, a EJAF os viu não somente como pessoas que mereciam ser mais bem tratadas, mas também como agentes de mudança. Nossa compaixão foi fortalecedora para eles. E eles de fato se tornaram bem poderosos. A AUKN, trabalhando com um consórcio de parceiros que incluem a William J. Clinton Foundation, foi capaz de forçar o governo a reformar o notoriamente corrupto processo de obtenção de remédios na Ucrânia. Como resultado, o preço dos medicamentos para Aids caiu 90%, dobrando o número de pessoas que o governo conseguia tratar.

Trabalhar com a AUKN e testemunhar suas incríveis conquistas nos encorajou a nos envolver com outras organizações na Ucrânia. Hoje, também damos apoio em treinamentos para que especialistas em cuidados infantis trabalhem com crianças HIV positivas de todo o país. E estamos financiando o estabelecimento de seis pontos especificamente para fornecer serviços direcionados a homens gays, que poderão obter informação, camisinhas e pedidos para testes e tratamentos. Em um país que ainda lida com uma homofobia crescente, esse é um avanço tremendo.

O diretor da AUKN e muitos de seus membros fundadores foram a meu show de 2007 em Kiev. Foi a primeira oportunidade que tive de encontrá-los pessoalmente. O fundador da AUKN disse para Anne Aslett, a diretora-executiva da EJAF-Reino Unido, e para mim: "Quando ninguém mais quis se associar a nós, foi a Elton John Aids Foundation que acreditou em nós, que acreditou que nosso grupo tinha um papel central na solução do problema". Agora, o governo ucraniano exalta o trabalho deles. A comunidade internacional reconhece suas conquistas. Eles estão fazendo avanços locais importantes.

Esse é o poder da compaixão. Esse é o círculo virtuoso que precisamos replicar no mundo todo para vencer a epidemia da Aids.

Um dos lugares mais necessitados de tal círculo virtuoso é o Haiti, onde a pobreza extrema e o estigma em torno da identidade sexual complicam a cruel epidemia de Aids naquele país. Um dos beneficiários da EJAF no Haiti é uma organização chama-

Com Ryan White, um garoto que contraiu HIV durante um tratamento contra hemofilia, na Disneylândia em outubro de 1986. Após ficar sabendo da história de Ryan, entrei em contato com a família White oferecendo ajuda. No fim das contas, os White acabaram fazendo mais por mim do que qualquer coisa que eu tenha feito por eles. *(Jeanne White-Ginder)*

O dia em que Ryan White e eu nos conhecemos, nos bastidores de um show em Oakland, na Califórnia, em 3 de outubro de 1986. *(Jeanne White-Ginder)*

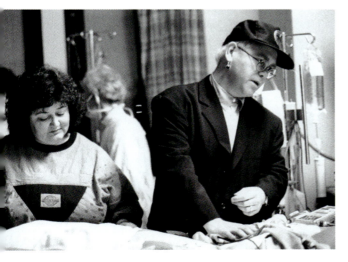

Com a mãe de Ryan, Jeanne White, diante do leito de Ryan no Riley Hospital, em Indianopolis, em 1990. *(Toro Yamasaki / Time & Life Pictures / Getty Images)*

Ao lado de Jeanne no funeral de Ryan.
Ryan faleceu em 9 de abril de 1990.
(Toro Yamasaki / Time & Life Pictures / Getty Images)

Com a princesa Diana, minha amiga e parceira na luta contra a Aids, nos bastidores de um show em 1993. Em 1987, ela inaugurou a primeira ala hospitalar da Inglaterra especializada no tratamento de Aids. Diana foi a pessoa mais piedosa que já conheci.
(Richard Young)

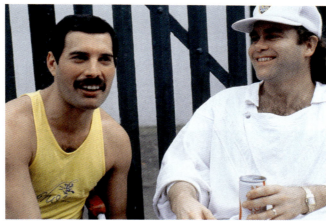

Com Freddie Mercury, líder da banda Queen e um de meus melhores amigos, no show do Live Aid em Londres, em julho de 1985. Dois anos mais tarde, Freddie receberia o diagnóstico de Aids. Ele faleceu em 24 de novembro de 1991.
(Rex USA)

Com minha querida amiga Billie Jean King em 1975. Billie Jean e sua parceira, Ilana Kloss, conceberam a ideia do "Smash Hits", um evento que uniria astros do tênis em partidas de exibição para arrecadar fundos em prol da EJAF. Organizamos o Smash Hits todos os anos desde 1993, e ele se tornou um dos nossos eventos filantrópicos mais importantes e bem-sucedidos. *(James Fortune / Rex / Rex USA)*

Com meu companheiro David Furnish, presidente da EJAF, Larry Kramer e David Webster na homenagem que a amfAR e a ACRIA fizeram a Honor Herb Ritts em Nova York. Larry Kramer, cofundador da Gay Men's Health Crisis em 1982, é um dos meus heróis na luta contra a Aids. *(Dimitrios Kambouris / WireImage / Getty Images)*

David, Elizabeth Taylor e eu durante a 13ª festa da EJAF para assistir à transmissão da cerimônia do Oscar. Elizabeth, uma ativista de longa data, foi a presidente mundial e uma das fundadoras da amfAR, a American Foundation for Aids Research. Ela estava disposta a defender os gays quando poucas pessoas faziam o mesmo. *(KMazur / WireImage / Getty Images)*

Stevie Wonder, Gladys Knight, Dionne Warwick e eu no *backstage* após cantarmos "That's What Friends Are For" no baile de gala da amfAR em 9 de fevereiro de 2011. Nós gravamos a canção em 1985, e ela arrecadou mais de 3 milhões de dólares em prol da amfAR. *(Larry Busacca / Getty Images)*

Com David e a dra. Mathilde Krim no baile de gala beneficente da amfAR "O cinema contra a Aids". Mathilde Krim é presidente-fundadora da fundação. *(Evan Agostini / ImageDirect / Getty Images)*

Apresentando um prêmio especial para John Scott no baile de gala "An Enduring Vision", em Nova York, em 2 de novembro de 2005. John foi o primeiro diretor executivo da EJAF, cujo escritório, nos primórdios da fundação, funcionava na cozinha de sua casa.

Robert Key, diretor executivo da EJAF-Reino Unido, ao receber um título real por sua atuação filantrópica. Robert comandou o escritório britânico da fundação até sua morte, em 2009. *(© Gerry Lane)*

Com David, a atual diretora da EJAF-Reino Unido Anne Aslett, Desmond Tutu e Robert Key no baile beneficente da EJAF na Cidade do Cabo, na África do Sul, em 8 de janeiro de 2005. *(Marc Hoberman)*

Com David e Scott Campbell, diretor da EJAF, no baile da National Association of Broadcasters Education Foundation, em 11 de junho de 2007. Na ocasião, senti-me honrado em receber o Service to America Leadership Award. *(© Oscar Einzig)*

Com David e os curadores da EJAF Johnny e Eddi Barbis no sétimo baile "An Enduring Vision", organizado pela fundação em 11 de novembro de 2008, em Nova York. Naquela noite, a EJAF premiou o casal com o Enduring Vision Award. *(Theo Wargo / WireImage / Getty Images)*

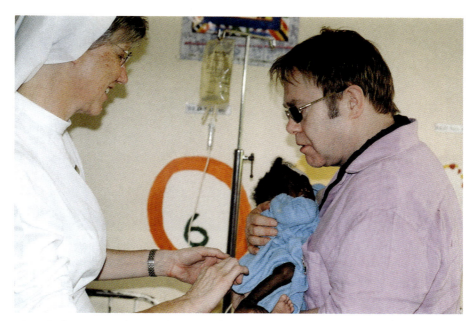

Discutindo os prognósticos de um bebê com Aids numa zona rural da África do Sul. *(Sydney Duval)*

Com Fumana e David no Simenela Rape Crisis Center em Khayelitsha, África do Sul, em 2008. O Simenela é um centro 24 horas/sete dias por semana de cuidados intensivos e apoio a vítimas de estupro, o primeiro do tipo na África do Sul. Após ter sido tratada no Simenela, Fumana dedicou-se à defesa de vítimas que passaram pelo mesmo que ela. *(Polly Steele)*

A senadora Hillary Clinton, o senador Ted Kennedy, a diretora da agência governamental de combate à Aids Sandy Thurman e eu pouco antes de uma audiência do Senado americano para tratar da epidemia de Aids em 11 de abril de 2002. *(Victor Ronay / Retna Ltd. / Corbis)*

Na audiência do Senado, em 11 de abril de 2002, ao lado de Sandy Thurman. Disse em meu depoimento: "Quando um jornalista perguntou a Ryan White se ele tinha alguma mensagem para dar aos médicos que pesquisavam sobre a Aids, ele respondeu: 'Apressem-se'. Todos temos de nos apressar. A cada dia perdido, perdemos mais vidas, e perdemos um pouco mais da nossa humanidade". *(Vivian Ronay / Retna Ltd. / Corbis)*

Com o ex-presidente americano Bill Clinton no oitavo baile beneficente da EJAF, em 16 de novembro de 2009, em Nova York. Naquela noite, a fundação premiou Clinton com o Enduring Vision Award. A William J. Clinton Foundation luta pelos direitos daqueles que vivem com o vírus do HIV/Aids em todo o mundo desde 2002.
(Larry Busacca / WireImage / Getty Images)

David e eu unimos forças a outras personalidades que demonstraram seu empenho na luta mundial contra o vírus do HIV/Aids numa campanha de conscientização de 2005, liderada por Kenneth Cole e pela KNOW HIV/Aids, e fotografada por Mark Seliger.

* *Se um de nós tem Aids, todos temos Aids.*

Com bebê numa clínica obstétrica e pediátrica na Cidade do Cabo, na África do Sul. A EJAF-Reino Unido já ajudou mais de 200 mil gestantes soropositivas na África a ter acesso a medicamentos que impedem que o feto contraia o vírus da mãe. *(Polly Steele)*

Com Lev no colo numa coletiva de imprensa sobre a situação da orfandade provocada pelo HIV/Aids em Makeyeva, na Ucrânia, em 12 de setembro de 2009. A legislação ucraniana não permitiu que David e eu adotássemos Lev, mas a experiência mudou nossas vidas e nos inspirou a ter um filho. *(Handout / Reuters)*

Visitando um orfanato público para crianças soropositivas na cidade de Makeyeva, na Ucrânia, em 12 de setembro de 2009. A EJAF começou a atuar na Ucrânia em 2002, financiando uma organização local que hoje ajuda mais de 57 mil ucranianos soropositivos. *(© Gleb Garanich / Reuters)*

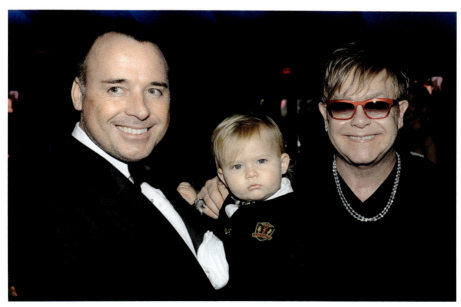

David, eu e Zachary na vigésima festa da EJAF para assistir à transmissão do Oscar, em West Hollywood, em 26 de fevereiro de 2012. David e eu estamos juntos desde 1993, somos parceiros em tudo, inclusive no trabalho na EJAF. Nosso lindo filho, Zachary, nasceu no Natal de 2010. *(Larry Busacca / Getty Images)*

Apresentação num evento para celebrar a vida e o legado de Ryan White em Indianápolis, em 28 de abril de 2010, marcando os vinte anos de sua morte. Ele continua a me inspirar a cada dia, todos os dias. *(Nathaniel Edmunds Photography)*

da Fondation SEROvie. Desde 1997, a SEROvie foi a primeira e única instituição no Haiti a fornecer serviços de saúde à comunidade lésbica, gay, bissexual e transgênera (LGBT) e a advogar pelos direitos dela. Ao focar tanto em tratamento de saúde quanto em direitos humanos, a SEROvie tenta romper o ciclo de discriminação, pobreza e Aids em um país com um índice extremamente alto de infecção por HIV, de 1,9%.

Minha fundação começou a se envolver com a SEROvie em 2007, através de nossa parceria num projeto da amfAR que tinha como alvo homens que fazem sexo com outros homens pelo mundo. É outro exemplo das lições que aprendemos trabalhando: estabelecer laços com organizações de boa reputação que possuam grande alcance, como a amfAR, e constituir parcerias locais com outros grupos, como a SEROvie, que sabem exatamente do que as pessoas precisam e como os recursos devem ser gastos.

Na capital haitiana, Porto Príncipe, a SEROvie faz de tudo, desde distribuir camisinhas até enviar agentes comunitários de saúde para os lares de pessoas infectadas com o HIV. Esse é um trabalho difícil em uma sociedade empobrecida que estigmatiza tremendamente os gays e transgêneros. Muitos dos clientes da SEROvie já são muito pobres e, portanto, mais suscetíveis a fazer sexo de risco por dinheiro. Através de nossa parceria com a amfAR, fornecemos apoio ao programa de treinamento vocacional da SEROvie para dar aos jovens as habilidades necessárias para passarem a se sustentar de uma maneira saudável. Esse era apenas um dos muitos projetos incríveis que a organização conduzia.

Mas tudo mudou às 16h53 do dia 12 de janeiro de 2010, quando um terremoto de magnitude 7.0 transformou boa parte de Porto Príncipe em escombros. O diretor-executivo da SEROvie, Steeve Laguerre, descreveu o horror daquele momento: "Estávamos realizando nossa habitual reunião do grupo de apoio em uma tranquila tarde de terça-feira quando o pior aconteceu. Impossível esquecer o barulho. Não consigo nem descrever o horror de quando o teto e a parede da sala de eventos começaram a ruir e começou o caos".² Naquele dia, a SEROvie perdeu catorze membros de sua equipe.

O terremoto exacerbou a já devastadora crise de Aids no Haiti. Muitas clínicas de HIV/Aids foram destruídas, muitos trabalhadores do setor de saúde morreram. Quase ninguém tinha acesso aos tão necessários medicamentos. Não demorou muito até que o diretor-executivo da EJAF nos Estados Unidos, Scott Campbell, fosse para o Haiti para ver em primeira mão o quão terrível estava a situação. O que ele testemunhou era de cortar o coração e profundamente frustrante. Mas ele também viu motivo para esperança. Como o terremoto destruiu a sede da SEROvie, a equipe passou a trabalhar em tendas. Eles foram incansáveis. Nenhuma tragédia ou perturbação conseguia detê-los. Eles não haviam desistido.

Ao mesmo tempo, o trabalho deles estava mais difícil do que nunca. Quando a infraestrutura do país foi dizimada, a comunidade LGBT, que já era marginalizada, se isolou ainda mais. Eles perderam suas redes de apoio e espaços seguros. Como disse uma lésbica em Porto Príncipe, "Solidão, invisibilidade e isolamento social são problemas constantes para nós".³ A SEROvie sempre fora um refúgio para essas populações estigmatizadas, e agora até isso havia desaparecido. Família e amigos que antes davam apoio e abrigo se dispersaram. Tente imaginar quão aterrorizante seria viver em um lugar onde sua única proteção contra a violência e a intolerância fosse a tranca da porta de sua casa. Agora tente imaginar o medo quando esse lar – com sua porta e sua tranca – fosse arrasado. Durante sua visita, Scott disse que o medo era palpável.

A discriminação que a comunidade LGBT enfrentou após o terremoto foi difícil de digerir. Muitos homens gays relataram ataques físicos, estupros e até recusa de ajuda. Um jovem gay chamado Lengemy contou à SEROvie que ele foi expulso de uma fila de distribuição emergencial de alimentos.[4] Vocês podem imaginar que, no meio de uma das piores crises humanitárias já vividas por um país, estavam negando as necessidades básicas para sobrevivência a certas pessoas por causa de preconceito, por causa de sua orientação sexual?

Estranhamente, parte disso era consequência de boas intenções. A política geral para desastres manda que o auxílio alimentar seja distribuído somente para as mulheres, pois a probabilidade de ele chegar até as famílias é maior. Mas muitos homens gays não têm mulheres em suas famílias. Quando a SEROvie enviou uma carta à Cruz Vermelha americana pedindo por uma exceção a essa política, disseram que a organização consultasse a Cruz Vermelha haitiana, porque eles não podiam dar assistência específica a determinadas populações minoritárias. Por achar que a Cruz Vermelha haitiana não ajudaria, a SEROvie nem tentou.[5]

Ainda assim, a SEROvie continuou servindo as pessoas que chegavam aos montes até ela. Diante de desafios inacreditáveis, como serem obrigados a trabalhar em tendas, a organização rapidamente se reagrupou e começou a trabalhar. Steeve Laguerre diz que a chave para o sucesso é ouvir o que as pessoas querem e precisam – ou, em outras palavras, demonstrar compaixão para com aqueles que estão sofrendo. Inicialmente, a SEROvie gastou muito tempo e recursos fornecendo aconselhamento e distribuindo o pouco de arroz, fubá e óleo de cozinha que eles tinham. Então eles mudaram o foco para outras necessidades básicas, como abrigo e segurança. Para evitar a disseminação de doenças transmitidas pela água trazidas pelo terremoto, eles ensinaram a seus clientes como descontaminar água, a manter seus espaços de vivência limpos e a usar telas de mosquito. Eles também continuaram seu trabalho na prevenção da disseminação do HIV/Aids. A EJAF agora está ajudando a SEROvie a estabelecer uma clínica de aconselhamento e testes de HIV em seu escritório de Porto Príncipe, a única clínica no Haiti que atende às necessidades específicas da comunidade LGBT.

Assim como muitos dos programas de sucesso com quem a EJAF faz parceria, a SEROvie trata seus atendidos como indivíduos. Eles olham para suas necessidades e as ajudam a viverem suas vidas com dignidade e respeito por si mesmas. Independentemente de isso envolver lhes dar os meios de ter moradia acessível, confiança e habilidades para encontrar bons empregos ou disciplina para tomar seus remédios todos os dias, a SEROvie trata cada indivíduo como dignos de cuidado. Como resultado, eles são capazes de ajudar a abordar outros aspectos das vidas das pessoas que as torna vulneráveis ao HIV/Aids, bem como muitas outras doenças.

Apesar do tanto de tempo que se passou desde o terremoto de 2010, a vida ainda é extremamente desafiadora para os haitianos LGBT, especialmente aqueles que vivem com HIV/Aids. Enquanto esteve em Porto Príncipe, Scott ouviu as histórias mais horríveis. Um homem relatou ter sido estuprado por outros quatro homens – mas quando foi até a polícia para dar queixa do ataque, eles riram dele. Disseram que, como ele era gay, devia ter gostado.

Não consigo imaginar como deve ser continuar acordando todos os dias para ajudar mais um paciente em uma situação terrível. Travar mais uma luta com as autoridades. Fazer um trabalho impossível em circunstâncias impossíveis. Mas a SEROvie segue em frente – e eles estão obtendo progressos. Eles aprimoraram seus esforços de ativismo e estão treinando oficiais governamentais, agentes de polícia e outros para reduzir o estigma e a discriminação que seus clientes enfrentam. Estão trabalhando incansavelmente por uma sociedade que proteja, e não persiga, seus cidadãos que vivem com HIV/Aids. Eles estão tentando começar um círculo virtuoso, e a EJAF continuará a ajudá-los nessa tarefa.

Também esperamos desencadear círculos como esses nos Estados Unidos. Lá a epidemia da Aids é muito diferente da do Haiti, mas não tão diferente quanto as pessoas podem imaginar. A verdade é que, tanto em países desenvolvidos quanto em países em desenvolvimento, a luta contra a Aids se resume a compaixão.

Adoro o Sul dos Estados Unidos, onde passei boa parte de minha vida. Sempre fico espantado com quão linda aquela parte do país é. Existe algo de especialmente mágico no sudeste da Louisiana. Ciprestes que emolduram o assombroso *bayou*. Campos inundados de arroz e prados solitários sem uma casa ou uma única alma em milhas. É um dos lugares mais rurais dos Estados Unidos. E assim como acontece em boa parte da área rural dos Estados Unidos, existe uma silenciosa, mas mortal, crise de Aids que vem fermentando há décadas. Quase mil pessoas nesse pedacinho da Louisiana são HIV positivas. Elas estão entre o povo mais pobre, mais marginalizado da nação. E são em sua maior parte negros.

A epidemia de HIV/Aids está devastando a comunidade negra em escala nacional, especialmente no Sul. Como eu disse, quase metade dos diagnósticos de HIV se dá entre negros. Fato chocante, a Aids é um dos maiores fatores de mortes entre mulheres negras na faixa etária de 25 a 44 anos, correspondendo a cerca de 11% de todas as mortes nessa faixa de população. É por isso que a EJAF investiu pesado em projetos pelos Estados Unidos que têm como alvo os negros, bem como outras comunidades que ainda são impactadas de forma desproporcional pela Aids.

Agora, uma coisa é estar em uma cidade grande com uma estrutura básica. Outra é ficar doente e sozinho no meio do nada. Sinceramente, me pergunto se a maior parte dos americanos sabe como é ruim a situação para algumas pessoas no Sul profundo. Pessoas como Loretta, por exemplo. Ela tinha 33 anos e era mãe solteira quando descobriu que era HIV positiva. Seu ex-marido havia sido preso. Ela já tinha depressão crônica; com seu diagnóstico de HIV, ela ficou apavorada com o que lhe aconteceria. Quem cuidaria de seus três filhos?

Loretta é como muitas mulheres do sudeste da Louisiana. Jovem, negra, oriunda de família pobre. Muitas não recebem a instrução necessária, e muitas abandonam a escola, casam-se cedo ou têm filhos quando ainda são adolescentes. Essas mulheres têm um alto risco de contrair o HIV.

Até pouco tempo, em 2008, prontos-socorros no sudeste da Louisiana ficavam abarrotados de pessoas internadas em estado terminal de Aids. As cenas de pessoas emaciadas pela doença pareciam mais com algo que você esperaria ver na África subsaariana, não nos Estados Unidos. Em uma época em que antirretrovirais são amplamente disponíveis no país mais rico do mundo, as pessoas estavam morrendo desnecessariamente. Ainda estão. Não é à toa que Loretta ficou paralisada de medo com seu diagnóstico.

Em resposta à crise no sudeste da Louisiana, Terry Estes, o diretor-executivo do Southwest Louisiana Aids Council (SLAC) e dr. Carlos Choucino, diretor médico da Comprehensive Care Clinic em Lake Charles, Louisiana, decidiram que precisavam desenvolver formas melhores de alcançar as pessoas que viviam com HIV/Aids. Através de pesquisas descobriram que modelos "navegadores", nos quais as pessoas são guiadas a obter acesso a serviços abrangentes, funcionam muito bem com pacientes de Aids. Então, em 2008, o SLAC e a Comprehensive Care Clinic fizeram uma parceria para identificar pacientes por toda a região que precisassem de acesso a tratamentos, especialmente em áreas rurais das proximidades.

Loretta foi indicada para o SLAC e imediatamente estabeleceu contato com Angela Hursey, a pessoa na organização especialista no funcionamento do sistema de saúde. Angela é uma mulher incrível, uma entre os muitos heróis que lutam nas linhas de frente da epidemia da Aids. Ela se conecta pessoalmente com cada paciente que entra pela porta, e se torna uma defensora ferrenha de sua saúde e bem-estar. Ela acredita em seus pacientes, e assim os ajuda a acreditarem em si mesmos.

É esse tipo de atenção individual que faz toda a diferença. Pessoas que vivem com Aids muitas vezes se sentem como estatísticas – não à toa, pois é como são tratadas na maior parte do tempo. Mas no SLAC Angela insiste em tratá-las como seres humanos, com necessidades, preocupações, desafios e circunstâncias individuais. Isso parece simples e óbvio, mas é algo muito raro em ambientes de tratamento de saúde. Consigo entender a necessidade por atenção e cuidado individual, porque foi isso que realmente me ajudou a me desintoxicar e permanecer sóbrio. Ser tratado com dignidade, com compaixão, como uma pessoa de verdade com problemas individuais, foi o que me fortaleceu para transformar minha vida.

Sempre que alguém como Loretta entra no SLAC, a primeira providência de Angela é dar acesso imediato a tratamento para a pessoa. Ela literalmente leva seus clientes para a sala de triagem do hospital para que possam estabelecer que tipo de assistência financeira eles podem obter. Ela os acompanha até o laboratório para serem testados. Ela vai com eles até sua primeira consulta com o médico. Ela faz o que for necessário para que eles assumam controle de sua saúde. Se eles param de comparecer às consultas ou de tomar seus remédios, ela vai atrás deles e os conduz por todo o processo novamente. Depois que seus pacientes estão estáveis, ela os direciona para um assistente médico social para acompanhar seus progressos.

Preciso fazer um aparte. A EJAF fica encantada de ter o SLAC como nosso beneficiado. E somos gratos pelos muitos outros filantropos que ajudam a financiar seu trabalho. Mas o SLAC e outros grupos como eles não seriam capazes de operar sem o financiamento e a assistência fornecidos pela Lei Ryan White CARE. Fico profundamente emocionado e grato pelo fato de o nome de Ryan estar atrelado a esse extraordinário trabalho.

E ele é realmente extraordinário, e muito necessário, porque ainda acontece de pessoas com Aids serem tratadas como lixo em algumas comunidades dos Estados Unidos. Se eles forem gays, pode ser ainda pior. Eles têm tanto medo do julgamento de suas comunidades, ou mesmo de suas famílias, que não querem fazer o teste. Apesar de todos os avanços, o povo americano hoje ainda passa pelos mesmos abusos que Ryan sofreu. É por isso que algumas pessoas HIV positivas viajam horas para obter ajuda do SLAC. A organização trabalha duro para fazer com que clientes ostracizados por suas famílias se sintam seguros.

Graças ao SLAC e a seus dedicados assistentes sociais como Angela, Loretta começou a administrar sua doença. Ela voltou para a escola para terminar seus estudos. Hoje, ela trabalha como voluntária para o SLAC ajudando um grupo de apoio para mulheres. Ela tem até seu próprio escritório, onde orienta outras pessoas que estão lutando para conseguir aceitar e lidar com o HIV/Aids.

Loretta está fazendo o mesmo que Ryan fez. Ela está pegando sua experiência, sua história, e compartilhando-a com outros. Está usando isso para ajudá-los a passar por essa experiência extremamente difícil. Ela é um lembrete vivo de que não podemos simplesmente tratar a doença; precisamos tratar a pessoa.

Diante de uma enorme crise como a Aids, é fácil se sentir desamparado. E diante de números imensos – milhões de pessoas infectadas, bilhões de dólares gastos – é fácil sentir que, como um indivíduo, ou mesmo como uma organização, não podemos fazer diferença. Mas o SLAC é um exemplo de como uma quantia relativamente pequena de dinheiro pode render muito quando a compaixão está no centro de nossos esforços.

Isso vale para todas as populações marginalizadas, em todo lugar. Veja os ex-detentos, por exemplo. Eles estão entre a população mais marginalizada nos Estados Unidos. E os ex-detentos que são HIV positivos são ainda mais marginalizados.

Em Nova York, depois que um presidiário HIV positivo termina sua pena, ele é tirado às pressas de um presídio no norte do Estado e largado na rodoviária de Port Authority em Manhattan. Normalmente ele recebe no máximo 50 dólares, três dias de medicação e uma lista de organizações de serviço social que possam ajudar.

Imagine: você está totalmente sozinho na porta do ônibus ou do metrô. Há anos que você não sai dos muros da prisão, quanto menos no meio de Midtown. Você não tem nenhum lugar para onde ir, talvez ninguém para quem ligar. E o tempo está correndo – você tem 72 horas até que sua medicação termine.

Para Carl, depois de 24 anos na prisão, essa experiência fez com que ele sentisse como Rip van Winkle,* acordando em um mundo completamente novo. Todos ao seu redor estavam falando em um celular. Da última vez em que ele andou de metrô, havia usado uma ficha; que diabos era um MetroCard?

O mundo havia mudado, e Carl também. Ele fora infectado com o HIV na prisão, e saiu de lá com Aids. Carl teve mais sorte do que muitos; alguém "com quem ele andava" foi buscá-lo em Port Authority. Eles passaram os três dias seguintes percorrendo de carro cada organização da lista que ele recebeu quando foi solto. Em todos esses lugares, lugares que supostamente deveriam ajudá-lo, ele ouviu a mesma coisa: "Onde está seu cartão do Medicaid?"

Carl havia sido solto sem nenhuma documentação de seu status de HIV, e como ele não tinha Medicaid, havia poucos lugares aonde ele podia fazer o teste. Ele esperou por horas em um posto da prefeitura para se candidatar à assistência pública, de forma a conseguir o dinheiro necessário para comprar

---

* Nome de um personagem e conto homônimo de Washington Irvington. (N.T.)

remédio, mas havia um período de espera de 45 dias para determinar se ele era qualificado para os benefícios.

A história de Carl é muito comum. O índice de encarceramento da população nos Estados Unidos é mais alto do que em qualquer outra nação no mundo: mais de 2,3 milhões de pessoas, ou 1 em cada 104 adultos. Quase um quarto dos presidiários do mundo está nos Estados Unidos. E em dezembro de 2008, cerca de 1,5% de todos os presidiários do país eram HIV positivos. Quando esses presidiários soropositivos reintegram a sociedade, muito poucos têm contatos com serviços que lhes deem estabilidade e apoio enquanto eles tentam lidar com sua saúde e suas novas vidas.

Foi o que aconteceu com Carl. Ele estava esgotado, exausto e quase totalmente derrotado quando apareceu no final de tarde na Bailey House, uma casa de recuperação em East Harlem para pessoas que vivem com HIV/Aids. Quando ele passou pela porta da frente, já estava sem medicação e uma montanha de ansiedade. Foi quando Carl conheceu Chris Olin, um assistente social para o Projeto FIRST na Bailey House – outro herói da vida real. Chris é uma dessas pessoas excepcionais. Sabe, daquelas pessoas que imediatamente o deixam à vontade. Chris disse para Carl: "Vou cuidar disso para você".

Pode ser paralisante estar na agonia de sua própria crise. Lembro-me desse sentimento quando entrei na reabilitação, como se eu não tivesse nenhum controle sobre nada que estivesse acontecendo comigo, como se não soubesse por onde começar. Quando me disseram para não me preocupar, quando me disseram que havia pessoas que iriam me ajudar, foi como se tivessem tirado um enorme peso das minhas costas. De repente eu tinha uma chance de ficar bom, pois não estava mais sozinho.

Imagino que Carl tenha se sentido assim quando conheceu Chris. Foi o primeiro momento em muito tempo, talvez em toda sua vida, em que Carl havia sido tratado com tanta dignidade. Que sua ansiedade, o trauma em sua vida, havia sido reconhecido. Que alguém o apoiou e disse "Estou com você". Foi então que tudo mudou para Carl.

A sigla do Projeto FIRST se refere a Formerly Incarcerated Rental Support and Training [Assistência a Locação e Treinamento para Ex-Detentos], e é um programa conduzido pela Bailey House para dar apoio a ex-criminosos soropositivos que estão sem lugar para morar ou em risco de ficar sem teto. Ele ajuda pessoas como Carl com o que quer que eles precisem para se recuperar, permanecer saudável e ficar longe de encrencas. Dentro das primeiras semanas, o Projeto FIRST faz a ligação entre seus clientes e um programa de assistência de locação administrado pela Prefeitura de Nova York. Por causa do financiamento flexível que a EJAF e outros fornecem, a Bailey House consegue cobrir necessidades tais como depósitos de caução e o primeiro mês de aluguel, de forma que os clientes consigam ingressar em moradias seguras imediatamente. Afinal, se você não tem aonde repousar a cabeça à noite, como vai conseguir organizar o resto da sua vida?

Minha fundação vem apoiando esse projeto na Bailey House desde 2007, e não poderíamos estar mais felizes com suas conquistas. Desde que o Projeto FIRST decolou em 2003, eles colocaram com sucesso mais de 200 pessoas em moradias permanentes, e também os puseram em contato com o tratamento de que precisam para garantir sua saúde e bem-estar. Muitos ainda estão nos mesmos apartamentos.

Para mim, o Projeto FIRST é uma arma extremamente eficiente contra a crise da Aids em Nova York. Sabemos que ex-criminosos deixam a prisão com índices desproporcionalmente altos de HIV. Sabemos que muitas vezes eles não têm como obter o tratamento médico do qual precisam, quanto mais um lugar para morar. Sabemos que a falta de oportunidades de emprego para eles aumenta muito a probabilidade de que eles voltem a fazer sexo de risco, abuso de drogas e outros comportamentos que os colocariam em perigo de disseminar a doença ou levá-los de volta à prisão. O bom senso manda que se abordem todos esses problemas com rapidez – não vamos ter medo de ajudar justamente as pessoas que mais precisam. Não vamos deixar que o estigma atrapalhe.

Uma das coisas que mais adoro no Projeto FIRST é que o programa faz mais do que combater a Aids; ele ajuda as pessoas nas maneiras mais básicas. Assistentes sociais como Chris acompanham clientes por todo o sistema e mostra a eles como fazer coisas do cotidiano, tais como abrir uma conta no banco e descobrir onde eles podem fazer compras de supermercado. Eles ajudam os clientes a voltar para suas comunidades, encontrar um médico, tomar seus remédios regularmente, fazer treinamento vocacional e começar a cuidar de si próprios. Por exemplo, Chris colocou Carl em contato com uma clínica onde ele poderia fazer testes, obter tratamento e remédios, e também providenciou a documentação necessária do status de portador de Aids de Carl e do nível de renda para torná-lo qualificado para assistência à moradia.

As pessoas que passam pelo programa da Bailey House têm resultados muito melhores de saúde. E a probabilidade de que elas acabem voltando para o sistema carcerário é muito menor.

Normalmente, mais de 40% dos presidiários nos EUA acabam voltando para uma prisão estatal nos três primeiros anos depois que são soltos. Menos de 10% dos beneficiários da Bailey House voltam a ser presos.

Alguns meses depois de conhecer Chris, Carl voltou para a Bailey House com a aparência de quem havia acabado de sair de um campo de golfe. O ex-criminoso raivoso, ansioso e desesperado agora era um homem garboso, saudável e empregado, usando bermuda e camisa polo, sustentando-se sozinho, administrando seu HIV, e namorando uma mulher que conheceu na Bailey House. Hoje, Carl orienta ex-criminosos como ele e atua como agente comunitário de saúde para trazer outros que vivem com HIV para receberem tratamento. Ele também fala perante o New York State Parole Board, conselho que decide sobre liberdade condicional, sobre a importância de programas como os da Bailey House. Não é à toa que ele é tão disposto a fazer tanto pela organização. Como Carl disse muitas vezes: "Chris e a Bailey House salvaram minha vida".

A Elton John Aids Foundation financiou centenas de projetos. Cada um opera de forma um pouco diferente. Cada um faz diferentes trabalhos para diferentes tipos de pessoas. Mas todos os projetos que financiamos têm algo em comum: eles se comprometem com uma resposta compassiva e o combate ao estigma que dissemina o HIV/Aids. As organizações direcionam seu trabalho para as populações mais marginalizadas, aqueles que mais precisam dos serviços mas têm menos chances de obtê-los. Eles advogam contra políticas que promovem discriminação. Eles evidenciam temas tabu sobre os quais ninguém quer falar, mas que têm tudo a ver com essa terrível doença.

Acima de tudo, eles tratam de uma maneira holística cada pessoa que veem.

Esse termo, "holístico", é mencionado com frequência em círculos médicos. Você ouve médicos falando sobre tratar o paciente como um todo, atendendo a todas suas necessidades médicas de uma vez. Com o HIV/Aids, assim como com a maior parte das doenças, é mais do que simplesmente a forma como o corpo em si funciona. Tantas pessoas com o vírus também são pobres e vulneráveis. Muitas vezes elas precisam de abrigo, comida, assistência psicológica, oportunidades de emprego e pessoas que cuidem delas e lhes deem apoio. Elas precisam de ajuda crítica em momentos críticos para garantir que sua doença não passe a definir ou acabar com suas vidas.

É crucial que cada pessoa seja tratada – independentemente de histórico ou circunstâncias ou status de HIV – como uma pessoa plena, como um indivíduo com sonhos a serem realizados e metas a serem atingidas. Quando tratamos pessoas como merecedoras de amor, o mundo inteiro consegue enxergar seu mérito. No final, essa é a arma mais poderosa que temos contra o estigma e, na verdade, contra a Aids.

Independentemente de você ser o homem mais rico do mundo ou não ter absolutamente nada, você merece ser tratado com dignidade e compaixão. Esse entendimento é o que inspira o trabalho de minha fundação. E é assim, como passei a acreditar, que vamos acabar com a Aids.

8
Um grande poder

De vez em quando me perguntam se eu fico nervoso no palco. Ou querem saber qual foi a plateia mais intimidante para a qual já toquei. A essa altura de minha carreira, tive a sorte de me apresentar em alguns dos lugares mais extraordinários do mundo, às vezes para plateias de meio milhão de pessoas. Toda vez que subo ao palco não sinto nervosismo, mas sim a excitação de me apresentar e a empolgação do público. Ainda adoro isso, depois de todos esses anos. Mas houve um palco que me deixou incrivelmente nervoso. Uma plateia que foi mais intimidante do que qualquer outra. Não era um show de estádio com um mar de fãs gritando. Não consigo me lembrar de ter ficado mais nervoso do que no dia em que testemunhei perante o Senado dos Estados Unidos.

Fazia uma década que eu criara a fundação. Como disse antes, nossa intenção nunca foi nos tornarmos uma das maiores organizações de Aids do mundo – longe disso. Estávamos simplesmente tentando ajudar pessoas necessitadas. Mas, infelizmente, as necessidades nunca chegavam ao fim; elas aumentavam constantemente a cada ano. E assim, em 2002, após dez anos fazendo esse trabalho, eu havia me tornado – para minha grande surpresa – uma voz que as pessoas ouviam a respeito do combate à Aids.

Foi assim que fui convocado até Washington. Fiquei sabendo através da EJAF que o senador Ted Kennedy pretendia realizar uma audiência sobre o estado da epidemia de Aids e a resposta internacional a isso, como parte de seu esforço para aumentar o financiamento para programas de tratamento por todo o mundo. Ele planejava convidar várias testemunhas para instruir o Comitê do Senado para Saúde, Educação, Trabalho e Pensões sobre a doença, e argumentar a favor de uma nova apropriação do dinheiro. Seu gabinete me pediu para que eu fosse uma delas. Fiquei profundamente honrado pelo convite. E, a partir daquele momento, também extremamente nervoso.

Ainda me lembro de nosso carro subindo a Pennsylvania Avenue na direção do Capitólio. Não importa quantas vezes você vê o prédio do Capitólio americano, toda vez é simplesmente de tirar o fôlego. Existe algo especial na forma como ele foi construído, seu próprio desenho, que exsuda poder e influência, e lembra o visitante da história extraodinária contida em seu interior.

Nosso carro entrou na Constitution Avenue e subiu até o Russell Senate Office Building. Saímos e fomos saudados por um membro da equipe de Ted Kennedy – e uma dúzia de repórteres. Passamos rapidamente por eles, ingressando na grandeza de um ícone de Washington. Os arcos e a as colunas. As estátuas de mármore. A rotunda de cair o queixo que ecoava o barulho de nossos sapatos enquanto andávamos, dando um som agudo de determinação para cada passo. Seguimos a funcionária por um dos dois lances de escada de mármore. "Vamos tomar café da manhã numa pequena recepção no Caucus Room", ela nos disse. "Há muitos senadores ansiosos para conhecê-lo."

Disseram-me que o Caucus Room tem uma história impressionante. Quando o *Titanic* afundou, foi ali que fizeram audições para investigar o que havia dado errado. Foi ali que as sessões da Comissão McCarthy foram realizadas e onde aconteceram também as sessões da comissão para investigar o Watergate. E por razões que juro que nunca vou entender, foi onde fui recebido para um café da manhã oferecido em minha homenagem. A sala por si só merece atenção. Pilastras do chão ao teto no estilo clássico coríntio. Cortinas vermelhas imponentes com franjas douradas, penduradas sobre três enormes janelas. Candelabros com um século de idade e um teto cheio de detalhes. Era suficiente para intimidar qualquer um, mais do que suficiente para me intimidar. E isso foi antes de eu perceber quem estava lá dentro.

O senador Kennedy veio numa linha reta até a mim. Nunca havíamos nos encontrado antes, mas ele apertou minha mão com suas duas e me abraçou como faria um velho amigo. Conheci muitas pessoas famosas na vida, mas apertar a mão de Ted Kennedy era como tocar a História. Ele era um ícone político de uma das mais importantes famílias nos Estados Unidos. Irmão do presidente John F. Kennedy e do senador dos Estados Unidos e procurador-geral Bobby Kennedy. Ele mesmo um ex-candidato presidencial e um extraordinário estadista. Não tinha certeza do que dizer a um homem como ele, mas ele logo me deixou à vontade.

Quando vi, estava apertando a mão do senador Orrin Hatch. Bem, provavelmente é fácil imaginar que não sou exatamente um grande fã do senador Hatch. Ele é um republicano extremamente conservador de Utah, e discordamos em cada uma das questões que consigo imaginar. Mas depois da morte de Ryan, foi o senador Hatch que pressionou pela Lei Ryan White CARE. Foi o senador Hatch que, juntamente com seu amigo senador Kennedy, redigiu a lei. E foram os dois que, juntos, garantiram que a lei passasse pelo Congresso com apoio dos dois partidos. E assim, na verdade, enquanto eu estava ali apertando a mão do senador Hatch, com o senador Kennedy logo atrás de mim, eu estava rodeado por heróis da causa da Aids, por pessoas que haviam usado o poder de suas posições para salvar milhões de vidas.

Conheci diversos outros senadores e membros do Congresso antes de me sentar para o café da manhã, e também vi alguns rostos familiares. O International Aids Trust estava organizando o café da manhã, e Sandy Thurman, minha amiga e presidente da fundação, estava lá para me receber. Sandy é uma lenda na comunidade da militância da Aids, e como ela morava em Atlanta, eu a conhecia bem. Em 1997, ela havia sido nomeada diretora de políticas públicas para a Aids na Casa Branca pelo presidente Bill Clinton, uma escolha perfeita para aquele cargo fundamental. Ela também iria depor.

Deborah Dortzbach, a diretora internacional dos programas de HIV/Aids para a World Relief, também estava lá. Nossa organização havia trabalhado bem de perto com a dela. E ali havia outros, também testemunhando, que eu conhecia de nome mas nunca tivera a chance de conhecer até então. Dr. Peter Mugyenyi, um dos especialistas em Aids mais respeitados do mundo, havia vindo de Kampala, Uganda, onde ele fundou e dirigiu um centro de pesquisas clínicas. Também estava presente um incansável militante para a saúde da mulher durante a crise da Aids, dr. Allan Rosenfield, o lendário reitor da Mailman School of Public Health na Universidade de Columbia.

Esses eram, inquestionavelmente, alguns dos mais respeitados líderes na luta contra a Aids. E ali estava eu, meio embasbacado de estar no meio deles.

A efusão de apoio que senti naquele dia foi notável. Ela contrastava totalmente com os primórdios da doença, quando o medo e o estigma mantinham a Aids enfurnada na obscuridão da vida americana. E aqui estávamos, muitos anos depois, em um dos lugares mais poderosos da Terra, falando sobre o que poderíamos fazer para combater a doença juntos. Fiquei muito comovido.

Depois do café da manhã, fui acompanhado por Ted Kennedy de volta para seu escritório, onde também recebemos a companhia dos senadores Hatch, Patrick Leahy, Bill Frist e Hillary Clinton para uma conversa franca sobre quanto dinheiro seria necessário para realmente combater a Aids de maneira global e quais estratégias poderíamos empregar para fazer isso. As perspectivas ali eram incríveis. Aqueles não eram somente senadores americanos; eram também especialistas na luta contra a Aids. Em 1981, Bill Frist era um residente do terceiro ano de cirurgia em Boston quando relatos da doença começaram a surgir. Até então, os médicos consideravam o sangue em grande parte estéril; de repente descobriram que ele podia ser fatal. Frist teve de mudar radicalmente seus procedimentos cirúrgicos; durante cirurgias, usava duas luvas e proteção ocular. Bem no início, antes que houvesse qualquer tipo de tratamento, Frist não fazia seus assistentes trabalharem em casos de pacientes com Aids caso tivessem medo; esse era o nível de desconhecimento sobre o vírus do HIV naquela época, o nível do medo que persistia mesmo dentro da comunidade médica.[1]

E havia a senadora Clinton, que havia viajado o mundo todo como primeira-dama no auge da crise da Aids. Ela sabia bem que, já em 2002, a epidemia de Aids em outros países era muito diferente daquela que estava se desdobrando em seu país. Ela conhecia os riscos, porque ela mesma havia visto os efeitos. Fiquei espantado ao ver como todos os senadores estavam informados sobre a crise. Cada um deles realmente sabia do que estava falando. Fiquei assoberbado pelo respeito deles por mim e pelo meu trabalho, pelo reconhecimento deles de que eu não era somente um astro do rock com um hobby. Eles estavam interessados em minha perspectiva, e fiquei honrado em compartilhá-la com esse grupo de distintos líderes.

Àquela altura eu havia controlado meu nervosismo. O carinho que me deram certamente ajudou. E foi bom, também, porque pouco depois um membro da equipe bateu à porta. "Senador", ele disse para Kennedy, "está na hora". A sala de audiência era menor, mas não menos grandiosa, do que o Caucus Room. E estava abarrotada de gente. Então me separei dos senadores e fui levado pelo corredor até uma mesa na frente, onde os que iam falar se sentariam. Assim que me sentei em frente à plaquinha com meu nome, fui cercado por fotojornalistas. Aquele momento foi muito surreal. Estou acostumado com câmeras, mas havia algo naquele contexto que tornava tudo muito diferente. Eu ia me apresentar, mas nunca antes houvera tanto em jogo como agora.

Por cima dos flashes das câmeras vi os senadores entrando na câmara e começando a preencher o palanque. "Terá início a sessão", disse Ted Kennedy, que presidia o comitê. A sala ficou em silêncio. "Estamos dando as boas-vindas nesta manhã a nossos convidados, que estão trazendo os desafios que enfrentamos na questão da Aids pelo mundo, uma riqueza em experiências e um extraordinário senso de compaixão, e uma série de recomendações sobre como nós, como um país, podemos ser mais eficientes em dar a essa questão o tipo de prioridade mundial que ela merece."

Então o senador Kennedy apresentou seus colegas, e um a um eles deram suas declarações de abertura, uma mais pungente do que a outra. Quando terminaram, fomos informados de que tínhamos somente cerca de uma hora para nossos depoimentos e que os senadores fariam perguntas depois de nossas declarações. Sandy foi a primeira a dar sua declaração. Foi linda, profundamente importante e extremamente persuasiva.

Depois foi minha vez.

Agradeci ao senador Kennedy e aos outros por essa honra – por pedirem minha opinião, especialmente como um homem britânico. Então comecei a ler a partir das anotações que havia preparado.

"Usei muitos chapéus em minha carreira, mas o chapéu de elaborador de políticas não foi um deles", eu disse. "Não vou tomar o tempo de vocês para contar fatos e números que vocês já conhecem. Em vez disso, vou lhes dizer como me sinto."

Eu disse a eles que fazia doze anos que havíamos perdido Ryan White, como havia sido devastador, mas quão extraordinária a reação do Congresso à morte de Ryan havia sido, também. "No mês em que Ryan morreu", eu disse, "este comitê aprovou a Lei Ryan CARE que aumentou drasticamente o financiamento para cuidados e tratamentos de pessoas com Aids.

Sr. presidente, o resto do mundo olha para essa legislação como um sinal do que os Estados Unidos podem fazer por seu povo. Estamos aqui hoje para discutir o que os Estados Unidos podem fazer pelo mundo".

Então tentei lhes passar um pouco do que minha fundação conseguira conquistar em âmbito internacional, os tipos de projeto que estávamos financiando, o tipo de pequenas mudanças que estávamos fazendo. Eu lhes contei sobre uma casa de repouso para pacientes de Aids em Soweto, na África do Sul, que havíamos aberto. "Entre as pessoas com Aids, o maior medo não é o medo de morrer", eu disse a eles, "mas sim o medo de morrer sozinhos. Em nosso abrigo, ninguém morre sozinho."

"Mas, sr. presidente, nossa casa de repouso na África do Sul possui oito leitos, e o país tem mais de 4 milhões de pessoas infectadas pelo HIV. Estamos fazendo o possível com o que temos, e confortamos muitas pessoas e salvamos muitas vidas. Mas nem de perto fizemos o suficiente. As pessoas nas linhas de frente que estão combatendo essa doença precisam de reforços, e precisam já."

Pedi ao Congresso que aumentassem as verbas para educação e prevenção, para testes voluntários e orientação, para cuidados com aqueles que estavam morrendo de Aids, e para os órfãos.

"Se o mundo vai fazer uma intervenção significativa e decisiva para mudar o rumo dessa pandemia, terá de começar aqui. E é melhor que comece agora", eu disse. "Quando um repórter perguntou a Ryan White se ele tinha uma mensagem para os médicos que se dedicavam à pesquisa da Aids, ele disse: 'Apressem-se.' Todos nós precisamos nos apressar. A cada dia que passa, perdemos mais vidas, e perdemos um pouco mais de nossa humanidade".

O que eu queria enfatizar não era somente a urgência. Era a possibilidade. Realmente havia algo que os Estados Unidos poderiam estar fazendo, algo profundo. Que dizer, se eles assim decidissem. Esse não era um caso de querer resolver um problema insolúvel. Milhões de vidas estavam em jogo, e milhões podiam ser salvas pelo governo americano.

"É verdade que uma nação não consegue derrotar a Aids em duzentas nações", eu admiti. "Mas duzentas nações não podem derrotar a Aids sem a ajuda de uma. Esta aqui. Se os Estados Unidos fizerem pouco, outras nações verão nisso uma desculpa para fazerem pouco. Se os Estados Unidos fizerem muito, outras nações farão muito, porque verão em sua determinação uma nova esperança de vitória. Quando os Estados Unidos lutam, eles vencem".

Com isso, e mais alguns agradecimentos, concluí minhas observações. Respirei fundo, inspirei a cena ao meu redor e tive uma pequena esperança de que o que eu havia dito fosse fazer alguma diferença, ainda que pequena.

Quando a audiência terminou, o senador Kennedy nos convidou para uma reunião particular em seu escritório. As paredes eram cobertas de fotos de seus irmãos famosos. Era um lembrete de que a História é feita por pessoas que se erguem para fazê-la. Saímos para a sacada que dá vista para o Capitólio e absorvemos tudo. Pensei sobre o que havia acontecido naquele dia, mas mais do que isso, pensei no que poderia acontecer amanhã. Pensei sobre o futuro, nas novas estratégias a serem definidas na luta contra a Aids.

O senador Chris Dodd e alguns outros que haviam testemunhado ficaram lá conosco, e o senador Dodd nos agradeceu por nosso comprometimento em livrar o mundo da doença. Em meu testemunho eu havia dito que, embora não fosse especialista em governo americano, era do meu entendimento que havia dois lados da Pennsylvania Avenue, e somente uma ponta – o Congresso – era encarregada do dinheiro. Que cabia a eles comprarem a briga.

O senador Dodd havia respondido do púlpito brincando: "Diga isso para a outra ponta". Ele quis dizer que eu deveria pleitear junto ao presidente George W. Bush na Casa Branca, é claro. Mas aconteceu de eu não precisar fazer isso. Apenas nove meses depois, tudo mudou quando, no dia 28 de janeiro de 2003, o presidente Bush fez seu segundo discurso do Estado da União.

Eu nunca fora fã do segundo presidente Bush. Eu considerava sua visão de mundo totalmente torta. Achava que os valores que ele alegava defender não batiam com suas políticas. Achava que sua retórica contra o casamento gay, contra uniões civis, na verdade contra qualquer ampliação de direitos para os gays, era profundamente danosa e homofóbica. Desnecessário dizer que eu não estava ansioso para assistir ao discurso.

Mas planejava assistir assim mesmo. Eu havia vivido parcialmente nos Estados Unidos por muitos anos, e mesmo sendo um cidadão britânico sentia que tinha uma obrigação de ouvir o que o presidente tinha a dizer, ainda que eu esperasse discordar. E, na verdade, discordei de quase tudo. Como vocês devem lembrar, esse foi o discurso em que Bush argumentou a favor da guerra no Iraque. Esse foi o discurso em que ele alegou que havia uma grave ameaça de armas de destruição em massa de Saddam Hussein, e que em nome da "guerra ao terrorismo" tínhamos de agir rapidamente.

Ainda assim, lembro-me daquele discurso não pelo que foi dito sobre o Iraque ou o terrorismo ou o aborto ou os impostos. Lembro-me dele pelo que o presidente Bush disse a respeito da Aids:

Hoje, no continente da África, quase 30 milhões de pessoas possuem o vírus da Aids, inclusive 3 milhões de crianças abaixo de 15 anos. Há países inteiros na África onde mais de um terço da população adulta é portadora da infecção. Mais de 4 milhões requerem tratamento médico imediato. No entanto, naquele continente somente 50 mil vítimas de Aids – somente 50 mil – estão recebendo os medicamentos de que precisam.

Eu não conseguia acreditar no que estava ouvindo. O presidente dos Estados Unidos, diante de uma sessão conjunta do Congresso, estava chamando atenção para a crise que passamos mais de uma década combatendo. Eu conhecia as estatísticas que ele citou. Eu mesmo as havia citado centenas de vezes.

"A Aids pode ser prevenida", ele implorou. "Medicamentos antirretrovirais podem estender a vida por muitos anos. E o custo desses medicamentos caiu de 12 mil por ano para menos de 3 mil dólares por ano, o que coloca uma tremenda possibilidade dentro de nosso alcance."

Naquele momento, meu coração estava acelerado como se eu estivesse assistindo a uma partida de futebol. "Senhoras e senhores", continuou Bush, "poucas vezes a História nos ofereceu uma oportunidade como essa para fazermos tanto para tantos. Nós enfrentamos, e continuaremos a enfrentar, o HIV e a Aids em nosso próprio país. E para atender a uma grave e urgente crise em outros países, esta noite eu proponho o Plano Emergencial de Auxílio à Aids, um trabalho de misericórdia além de todos os atuais esforços internacionais para ajudar o povo da África."

Então ele nos falou sobre os números. A importância desse momento foi realmente enorme:

> Este plano abrangente evitará 7 milhões de novas infecções de Aids, tratará pelo menos 2 milhões de pessoas com medicamentos que prolongam a vida, e fornecerá cuidado humanitário para milhões de pessoas que sofrem de Aids e para crianças que ficaram órfãs devido à Aids. Eu pedi ao Congresso que se comprometesse com 15 bilhões de dólares nos próximos cinco anos, incluindo quase 10 bilhões em novos investimentos, para reverter a maré contra a Aids nas nações mais atingidas da África e do Caribe.

Esse foi o momento em que financiar a luta global contra a Aids se tornou uma questão de "bilhões" em vez de "milhões". É difícil colocar em perspectiva a imensidão disso. Mas, só para ter uma ideia, quatro anos antes, nós havíamos considerado uma tremenda vitória – chegamos a comemorar – quando o presidente Clinton convenceu o Congresso a elevar o gasto global com Aids de 125 milhões para 225 milhões de dólares. Isso era mais do que sessenta vezes aquela quantia.

Na verdade, a iniciativa global do presidente Bush para a Aids, que ficou conhecida como o Plano Emergencial do Presidente para o Combate à Aids, ou PEPFAR, era o maior comprometimento já feito por uma nação na História no combate à doença. Os 15 bilhões seriam gastos em um período de somente cinco anos, de 2003 a 2008. E quando foi renovado em 2008, esse número mais do que triplicou para 48 bilhões, uma soma extraordinária.

O Congresso atendeu ao pedido do presidente. Muitos dos mesmos senadores que conheci e que testemunharam antes foram fundamentais na aprovação do PEPFAR. Os resultados, graças a seus esforços e ao comprometimento do presidente Bush, foram de tirar o fôlego. De acordo com o Departamento de Estado dos Estados Unidos, que administra o PEPFAR, o país deu acesso a tratamentos com antirretrovirais a quase 4 milhões de homens, mulheres e crianças em todo o mundo. Eles subsidiaram testes de HIV e orientação para quase 10 milhões de mulheres grávidas somente no ano de 2011. E como o PEPFAR colocou antirretrovirais nas mãos de mais de 660 mil mulheres grávidas HIV positivas, os Estados Unidos foram capazes de garantir que cerca de 200 mil crianças nascessem *sem* a doença. Treze milhões de pessoas receberam tratamento e apoio através do PEPFAR em 2011, e 40 milhões receberam testes ou orientação. A decisão do presidente Bush de fazer uma ação agressiva inquestionavelmente salvou *milhões* de vidas.

O PEPFAR também significava que a EJAF-Reino Unido e outras organizações sem fins lucrativos podiam considerar expandir drasticamente seu trabalho na África. Como os remédios e boa parte da infraestrutura seriam pagos através do PEPFAR, a EJAF poderia encontrar maneiras inteligentes de aumentar a escala de programas para mulheres e crianças infectadas com o HIV de centenas para as centenas de milhares de agora. Conheci dezenas desses beneficiários: gestantes cujos bebês viveriam suas vidas sem o HIV.

É claro, a criação e a implementação do PEPFAR teve suas controvérsias. O PEPFAR excluía explicitamente certos tipos de pessoas, incluindo profissionais do sexo, o que é tanto intolerável quanto ilógico. Como escrevi aqui muitas vezes, você não pode vencer uma guerra se recusar lutá-la em determinados campos de batalha. Também havia controvérsia quanto ao fato de a PEPFAR requerer que uma verba significativa fosse gasta em programas educacionais de abstinência, que são um completo desperdício de dinheiro, uma vez que eles se provaram pouco efetivos, para dizer o mínimo. Seria muito melhor gastar esses recursos em tratamento e também em programas de prevenção que de fato funcionassem. Mas, vendo como um todo, o impacto do PEPFAR foi realmente assombroso. Ele foi, e continua a ser hoje, o maior ataque já feito ao HIV/Aids desde que a doença surgiu.

Ao assistir democratas liberais e republicanos conservadores se unindo para tornar o PEPFAR uma realidade, foi possível aprender algumas lições. A primeira, e uma das mais importantes, é que você não pode esperar o pior das pessoas. Em vez disso, pode ser possível, com mais frequência do que se imagina, trabalhar com alguém em um objetivo compartilhado. Encontrar pontos em comum. Conquistar coisas incríveis através de parcerias improváveis.

Era fácil para mim desprezar o presidente Bush de longe, presumir erroneamente que ele nunca seria um aliado em qualquer luta na qual eu estivesse envolvido. Descobri que a verdade era bem diferente. Aprendi isso durante a criação do PEPFAR em 2003, e novamente em 2004, quando finalmente tive a oportunidade de conhecê-lo.

Fiquei muito surpreso e lisonjeado por ter sido selecionado para receber a prestigiosa Comenda do Kennedy Center, que é concedida a apenas alguns poucos artistas a cada ano em reconhecimento a suas contribuições culturais à vida americana. É importante – só sei disso. Mas, para ser sincero, na época David e eu estávamos divididos quanto a aceitar a honraria. O prêmio em si é dado pelo presidente dos Estados Unidos, e eu não era um grande fã de George W. Bush, exceto por sua posição sobre a Aids. Mais do que isso, eu me opunha moralmente à maioria de suas políticas e me senti pessoalmente ofendido em muitos de seus discursos. No entanto, no final das contas David e eu percebemos que a Comenda do Kennedy Center não era concedida por um presidente, mas sim por uma nação, e meu amor e respeito pelos Estados Unidos eram muito mais importantes do que qualquer afirmação política que eu pudesse fazer ao recusar um prêmio de George W. Bush.

David e eu voamos para Washington, e o primeiro programa foi um jantar formal no Departamento de Estado americano, durante o qual cada laureado do Kennedy Center recebe uma medalha. Depois de algumas palavras gentis, Colin Powell, o secretário de Estado, pendurou a medalha no meu pescoço. Quando voltei para meu lugar, David e eu rimos entre nós, porque percebemos que a medalha em si eram várias barras de metal presas a uma grande fita em arco-íris, idêntica à bandeira do orgulho gay. E fiquei muito orgulhoso de usá-la, é claro.

No dia seguinte, fomos até a Casa Branca para a cerimônia formal de menção. À medida que fomos galgando aqueles degraus grandiosos, não sentíamos empolgação, mas sim apreensão. Estávamos entrando na cova do leão, pensamos. David e eu não fazíamos ideia de como seríamos tratados ou como seria a experiência para um casal homossexual visitando uma Casa Branca republicana que parecia abertamente hostil a gays. Mas fomos imediatamente confortados por um piloto da Força Aérea que foi designado para ser nosso acompanhante na Casa Branca. Nunca havíamos visto um homem mais lindo, especialmente naquele uniforme! Além do mais, eu soube na hora que ele era gay. Naquela época você não deveria "perguntar" e eles não deviam "contar". Mas, é claro, não me aguentei. "Você é gay, não é?", eu disse. Ele sorriu e acenou com a cabeça que sim. Até hoje, nosso acompanhante da Força Aérea é um grande amigo nosso.

A entrega dos prêmios foi em uma das lindamente decoradas salas de recepção da Casa Branca. O presidente Bush fez menções para cada laureado. Quando chegou minha vez, o presidente começou a listar alguns dos meus sucessos ao longo dos anos, incluindo "Crocodile Rock", "Daniel" e – em um dos lendários lapsos verbais do presidente – "Bernie and the Jets". Naquele momento, a primeira-dama Laura Bush interrompeu o presidente e gritou: "É *Bennie* and the Jets!".

O presidente e todos na plateia deram risada. Quer dizer, exceto por Dick Cheney. Quando o presidente Bush terminou de ler minha citação e a plateia aplaudiu, David e eu ficamos espantados em ver o vice-presidente sentado ali com os braços cruzados e carrancudo. Talvez ele ainda tivesse sentimentos amargos a respeito de minha citação para uma publicação britânica algumas semanas antes, de que "Bush e sua administração são a pior coisa que já aconteceu para os Estados Unidos". Suponho que eu não podia culpá-lo por estar chateado comigo por causa disso!

Naquela noite, houve um maravilhoso concerto de gala na Kennedy Center Opera House – um evento muito emocionante, durante o qual meus amigos Billy Joel e Kid Rock tocaram para mim minhas próprias músicas. David e eu nos sentamos em um camarote especial com meus colegas laureados: Warren Beatty, Ossie Davis e Ruby Dee, Joan Sutherland e John Williams. No intervalo, nosso grupo entrou na área VIP atrás do camarote. Nossos assentos eram ao lado do assento do presidente, e nem percebi que nossos camarotes compartilhavam essa sala. De repente me vi ao lado de uma turma que ninguém imaginaria como minha plateia típica: Donald Rumsfeld, Dick Cheney, Condoleezza Rice, Colin Powell e, sim, o presidente Bush.

Foi de fato um momento surpreendente, mas a verdadeira surpresa viria quando o presidente e eu tivemos uma chance de conversar. Lembro-me de não ter tido a melhor das conversas com ele. Ele foi afável, encantador e muito elogioso, não somente a respeito de minha música como também sobre o trabalho de minha fundação. Ele sabia tudo que estávamos fazendo, e ele também tinha um conhecimento interminável sobre o HIV e a Aids.

O presidente Bush e eu discutimos a epidemia por um bom tempo, e ele perguntou se havia algo que ele pudesse fazer para ajudar a EJAF. Eu lhe agradeci pela oferta, mas disse que seu compromisso com o PEPFAR já havia feito uma enormidade, e eu o elogiei por tudo que ele estava fazendo para combater a Aids no exterior. Naquele momento, me senti compelido a perguntar se havia algo que eu pudesse fazer para ajudá-lo. "Sim", ele disse, com um olhar de total seriedade no rosto. "Diga aos franceses que eles precisam dar mais dinheiro."

É que naquela época a França ainda não assumira um compromisso significativo para combater a epidemia mundial da Aids, e o presidente Bush estava realmente bravo com isso. O governo francês desde então foi ponta de lança da criação de um maravilhoso programa multigovernamental chamado Unitaid, que financia a compra de medicamentos para HIV/Aids e outras necessidades globais de saúde para países pobres através de uma pequena taxa sobre a compra de passagens aéreas. Mas no ano de 2004, o presidente Bush estava fazendo lobby para que eles fizessem mais. Isso não era uma questão política para ele, ou algum projeto paralelo. Ele genuinamente se importava com as pessoas no mundo que estavam morrendo de Aids.

Nunca vou me esquecer de nosso encontro naquela noite. O presidente Bush e eu não nos vimos ou conversamos desde então, e assim como muitas pessoas, lamentei profundamente boa parte do que ele fez em seu mandato, especialmente as guerras que travou no Iraque e no Afeganistão. Mas meu encontro com George W. Bush me lembrou que não devemos fazer julgamentos apressados sobre as pessoas, especialmente quando se trata de combate à Aids. Mais do que qualquer coisa, precisamos de aliados nesta luta, não de inimigos.

Essa foi uma das lições importantes que aprendi com a implementação do PEPFAR. A outra fui entendendo aos poucos, não só de observar a criação do PEPFAR, mas sim de minha própria experiência falando perante o Congresso, e dos anos de trabalho da EJAF pelo mundo: não há nenhuma instituição na Terra, nenhuma mesmo, que seja tão capaz de fazer mudanças abrangentes como o governo.

Governos têm o poder de refazer totalmente as sociedades que governam. Eles têm o poder de lutar, de travar guerras, não somente contra outras nações, mas contra a pobreza, a injustiça, as epidemias. Eles têm os recursos e a influência de mudar o futuro, e a escolha de fazê-lo ou não. E com uma doença como a Aids em particular, eles têm uma habilidade única de financiar tratamentos e cuidados, educação e prevenção. Eles podem garantir que todos seus cidadãos tenham acesso a remédios que salvam vidas. Governos são, sem dúvida nenhuma, o maior fator de todos a determinar se a Aids será uma sentença de morte para seu povo, ou se seus cidadãos HIV positivos sobreviverão.

Governos de todo o mundo são mais do que simplesmente recursos para verbas. Eles também têm uma inigualável habilidade de, sem gastar um centavo, combater o terrível tormento do estigma. Afinal, o governo tem o megafone supremo. Basta que um presidente ou um primeiro-ministro diga: "Não importa quem você é ou de onde você vem, você merece a dignidade de ter sua vida valorizada assim como o resto de nós". Basta que legisladores falem em nome de seus constituintes marginalizados. Basta que líderes proclamem que não deixarão que uma doença devaste um povo que está vivendo em suas comunidades. Em uma era de comunicações onipresentes, só essas declarações já podem ter um tremendo impacto.

Essa é uma análise positiva do poder do governo, mas há também uma realidade mais obscura agindo que preciso reconhecer. O governo tem um poder extraordinário para fazer o bem, mas também pode ser o maior impedimento do mundo para a mudança. Governos podem decidir tornar a homossexualidade ilegal, forçar as pessoas a permanecerem "no armário" por lei. Governos podem decidir que o fornecimento de agulhas, por mais eficaz que seja, é um conceito simplesmente repulsivo demais, que se a doença deve se espalhar e matar usuários de drogas, que seja assim. Governos podem decidir agir, e também podem decidir não agir. Esta última alternativa é a mais frequente.

Em certo sentido, é isso que fundações como a minha mais têm tido dificuldades em superar. Há lugares pelo mundo onde queremos ajudar, onde temos os recursos para ajudar, mas os obstáculos do governo são grandes demais. Frequentemente não conseguimos alcançar as pessoas que mais precisam de nossa ajuda. Como você pode obter o tratamento do qual precisa quando se assumir abertamente pode levar a punição criminal? A resposta, no mundo inteiro, é que você não pode.

Talvez por isso que o maior obstáculo que encontramos em nosso esforço para erradicar a Aids seja a prevalência dos atrasos governamentais.

Veja a Índia, por exemplo, o segundo país mais populoso do mundo. A homossexualidade se tornou ilegal ali através da legislação colonial britânica em 1861. Ela finalmente foi descriminalizada em uma decisão de 2009 do Tribunal Superior de Nova Déli, uma decisão que está atualmente correndo no Supremo Tribunal da Índia. No meio tempo, outros tribunais decidiram ignorar a decisão. Homens ainda vão para a cadeia por fazerem sexo com outros homens.

Isso é tanto horrivelmente intolerante quanto altamente problemático, de uma perspectiva institucional. Homens gays com HIV/Aids na Índia precisam temer por sua liberdade quando buscam tratamento; muitos deles, como resultado, decidem não procurar ajuda. Então a doença se espalha. O dano das leis homofóbicas só é agravado quando líderes políticos decidem usar sua posição vantajosa para instilar ódio. Vimos isso na Índia em 2011, quando o ministro da Saúde do país disse em uma conferência de HIV/Aids que ele acreditava que sexo entre homens "não era natural". "Infelizmente", ele disse à plateia, "existe essa doença no mundo e neste país onde homens estão fazendo sexo com outros homens, o que é completamente contra a natureza e não deveria acontecer, mas acontece."[2]

Esse foi um comentário totalmente inapropriado a ser feito por qualquer pessoa para qualquer plateia, mas quando você considera que esse homem era um ministro da Saúde, e a plateia para quem ele estava falando era um grupo de pessoas tentando combater o HIV em seu país, tudo se torna ainda mais ultrajante. Há 2,5 milhões de pessoas infectadas com o HIV na Índia, e seu governo disse essencialmente: "Não nos importamos com *nenhum* de vocês porque *alguns* de vocês são gays".

A ironia é que, à medida que o ministro da Saúde continuou falando, ele ilustrou um dos pontos centrais que estive argumentando, de que pessoas como ele são amplamente responsáveis por causar a doença. "Em nosso país", ele disse, "o número de homens que fazem sexo com outros homens é substancial, mas é muito difícil encontrá-los." É claro que é difícil, uma vez que na Índia a homossexualidade ainda é, para quaisquer objetivos e propósitos, ilegal.

Nunca erradicaremos essa doença enquanto governos usarem seu poder de forma tão destrutiva, enquanto eles codificarem o estigma e depois o disseminarem. Nem vamos erradicar a Aids até que os governos entendam a verdade fundamental sobre as populações que governam: não existe o "outro". Eles podem gostar de pensar nos grupos que marginalizam – usuários de drogas, homens gays, negros, pobres – como vidas algo segregadas. Mas as comunidades não funcionam assim. Todos nós interagimos uns com os outros, mesmo sem saber. Fazemos negócios uns com os outros. Moramos um ao lado do outro. Ah, sim, e fazemos sexo uns com os outros. Então a ideia de que podemos ignorar populações marginalizadas – de que podemos deixá-las recuar para morrer na penumbra e ao fazer isso, moralidade à parte, não haverá nenhum impacto sobre o resto da comunidade – é tão vergonhosamente estúpida quanto trágica.

Quando a Aids está devastando usuários de drogas, isso importa para aqueles que não usam drogas. Quando a Aids está correndo pela comunidade gay, isso importa para aqueles que não são gays. Não existe o "outro", e se o governo continuar tratando a doença como um problema do "outro", não conseguiremos acabar com essa epidemia.

Um dos exemplos mais tristes de estupidez governamental está se desdobrando agora mesmo na Ucrânia. Como mencionei, a Ucrânia é uma nação onde a doença está se espalhando pela população em um ritmo assustador. É também um lugar onde, recentemente, o governo tomou uma terrível decisão, que poderia muito bem resultar na morte de muitos ucranianos.

Já contei a história da Clínica Lavra em Kiev, uma instituição maravilhosa que é uma das poucas esperanças para pessoas que vivem com HIV/Aids na Ucrânia. Essa clínica extraordinária é vista por homens gays naquele país como o único lugar seguro aonde eles podem ir conseguir tratamento. E agora, no momento em que escrevo isto, o governo ucraniano mandou fechá-la.

Veja bem, a clínica é adjacente ao histórico mosteiro de Pechersk Lavra. O terreno onde está situada a clínica pertence ao mosteiro, e os monges de lá aparentemente decidiram que não querem mais a clínica ao lado. Em junho de 2011, o primeiro-

-ministro da Ucrânia aprovou uma ordem para fechar a clínica. De todos os terrenos na Ucrânia, eles escolheram o ponto da Clínica Lavra para abrir um hotel de luxo.

O governo alega que ele só mudará o estabelecimento de lugar, mas ninguém na clínica – nem os médicos, nem os pacientes – sabe dizer para onde ela será mudada. E na época em que o governo deu a ordem de fechar o estabelecimento, a clínica não foi transferida de lugar. Tenham em mente que um mínimo atraso no tratamento pode significar a morte para pacientes que dependem do apoio da Clínica Lavra. Até o momento não está claro se o governo tem qualquer intenção de abrir a clínica em outro lugar. O que está claro é o seguinte: como a Lavra é o mais importante centro de tratamento de HIV na Ucrânia, se seus serviços forem suspensos ou encerrados, as pessoas vão adoecer e morrer.

Eu estive na Ucrânia muitas vezes, porque a EJAF financia alguns programas lá. Vi em primeira mão os extraordinários serviços salvadores que as clínicas na Ucrânia fornecem. Assim, em novembro de 2011, voltei para Kiev como parte de uma campanha desesperada para reverter a situação. Em uma coletiva de imprensa, me enchi. "Porra, Ucrânia!", berrei para todos que quisessem ouvir. "Vocês estão vivendo no século XXI, não no século XIX! Isso é uma desgraça! É uma desgraça como alguns seres humanos são tratados neste país!"

Nos meses desde que foi dada a ordem de fechar a clínica, a EJAF fez tudo que podia para ajudar a conscientizar as pessoas. Graças aos protestos da AUKN, dos pacientes e dos apoiadores da Lavra e de muitos outros, está ocorrendo um debate sobre o destino final da Clínica Lavra. Ficamos animados porque aparentemente fomos capazes de adiar o despejo dos pacientes da Lavra até o momento.

Mas no que diz respeito à luta mais ampla contra a Aids na Ucrânia, não somos ingênuos. Estamos lutando uma batalha perdida ali, não porque a doença seja forte demais, mas porque ela tem o governo como seu cúmplice.

A Ucrânia é um dos poucos países na região a reconhecer sua crise de Aids. Regredir agora, mandando uma mensagem de que as pessoas que estão em risco de contrair o HIV não importam, inflará desastrosamente a epidemia. O país inteiro sentirá os efeitos disso. Sabemos disso porque, tragicamente, foi o que aconteceu em toda região onde existe uma epidemia de HIV.

A inação do governo tornará a já crescente crise de Aids na Ucrânia ainda pior, ponto final. E isso tornará o problema pior para *todos* os ucranianos. A doença já está se espalhando, para fora da sombra, para fora dos antros de drogas. Mais inação, obstrução e atrasos por parte do governo são algo inaceitável.

A ideia aqui não é somente condenar o governo ucraniano, embora ele certamente o mereça. A ideia é que a menos que governos tratem todos seus cidadãos de forma igual, nunca acabaremos com a Aids. Essa é a pura verdade, não importa o continente ou o contexto. É tão verdade no Ocidente quanto nos países em desenvolvimento. É verdade nos países pobres e nos países ricos, na América do Norte e no Norte da África. Então os governos precisam fazer uma escolha. Eles podem escolher disseminar o estigma ou podem escolher esmagá-lo. Eles podem escolher disseminar o tratamento ou então a intolerância e a morte. Eles podem abraçar a verdade dessa doença ou podem continuar acreditando nas mentiras que contam para si mesmos sobre o HIV e a Aids e as pessoas que são afetadas.

Infelizmente, os governos têm o costume de mentir não somente para si mesmos, mas também para seus povos. Fiquei chocado com as desinformações que alguns governos espalharam, absurdamente, o que custou diretamente vidas humanas. Mas nada que vi em todos meus anos fazendo esse trabalho me chocou mais do que a desinformação propagada pelo governo da África do Sul.

Foi na África do Sul que, muitos anos atrás, o presidente Thabo Mbeki se tornou uma voz importante entre aqueles conhecidos como negacionistas da Aids. Em 2000, ele falou na XIII Conferência Internacional de Aids em Durban e rejeitou todos os fatos científicos que havíamos aprendido sobre a doença até então. Ele disse que a Aids era causada pela pobreza, má nutrição, saúde frágil. Ele disse que era o resultado de um sistema imunológico deficiente. E ele disse, enfaticamente, que ela não era causada por um vírus. Dessa forma, ele concluiu, ela não podia ser tratada com remédios. Então ele negou remédios gratuitos para seu povo. Ele negou subsídios para tratamentos e programas de prevenção. Ele usou o poder que recebeu para ficar no caminho entre seus cidadãos e os esforços para salvar suas vidas.[3]

Esses não eram pronunciamentos abstratos feitos por algum membro secundário de um governo. Essas eram as políticas de um presidente – o líder da nação. E o resultado, de acordo com um artigo de Harvard publicado em 2008, foi que 330 mil pessoas morreram desnecessariamente da doença, e outros 35 mil bebês nasceram com ela.[4] Um holocausto silencioso.

Mbeki acabou sendo deposto. Sem ele, a África do Sul voltou atrás, procurando obter tratamento no país o mais rápido possível. Mas a desinformação permanece, não somente nas mentes daqueles que confiaram nas palavras do presidente

Mbeki, mas também nas palavras do novo presidente, Jacob Zuma. Quando ele ainda era o vice-presidente do país, Zuma disse à África do Sul que ele tinha feito sexo com uma mulher HIV positiva, mas que não havia com o que se preocupar porque em seguida ele tomou uma ducha para reduzir suas chances de contrair a doença.[5]

Imagino quantas pessoas não devem ter contraído a doença porque aceitaram o conselho sem pé nem cabeça de tomar uma ducha depois de fazer sexo sem proteção?

Tenho o prazer de relatar que, como presidente, Zuma mobilizou mais apoio governamental para a luta contra a Aids na África do Sul do que qualquer outro de seus antecessores. Mas ali jaz a grande contradição do governo, e não sou o primeiro a apontar isso. O poder de curar. O poder de prejudicar. Um poder extraordinário muito frequentemente está concentrado nas mãos daqueles que não entendem as consequências de seus feitos e palavras. E, às vezes, o poder está nas mãos de pessoas realmente ruins que simplesmente não se importam com a vida humana.

Essa contradição se dá não somente nos países em desenvolvimento, no Leste Europeu e na África subsaariana, mas também no Ocidente. E, sim, até nos Estados Unidos. *Especialmente* nos Estados Unidos.

Pode ser chocante para vocês saberem que hoje, nos Estados Unidos, milhares de pessoas de baixa renda estão em listas de espera do governo para receber medicamentos para HIV/Aids pelos quais não têm condições de pagar. Essas pessoas não são necessariamente pobres. Muitas vezes elas estão desempregadas ou trabalham em empregos sem seguro de saúde e simplesmente não ganham o suficiente para pagar por seus remédios para Aids.

Vejam o caso de Steven Dimmick, um homem de 31 anos de Jacksonville, Flórida. Como o *Chicago Tribune* relatou, ele foi obrigado a vender seu carro e sua casa, e pediu falência para levantar dinheiro para seu tratamento de HIV/Aids.[6] Um esforço federal chamado Aids Drug Assistance Program (ADAP) foi planejado para evitar que pessoas como Steven fossem esquecidas. Mas agora as listas de espera estão os engolindo. E não se enganem: as pessoas nessas listas vão acabar morrendo sem tratamento. Tragicamente, algumas já morreram.

Em 2011, mais de 12 mil habitantes de baixa renda da Flórida, sem seguro e soropositivos contavam com o ADAP para receber remédios. Mas muitos outros precisavam de ajuda. Como o programa ADAP tinha verbas tão insuficientes, outras 4 mil pessoas estavam na lista de espera para o tratamento do qual elas precisavam para sobreviver. Steven era uma dessas pessoas. ADAP é um programa de âmbito nacional, e na época a Flórida tinha a maior lista de espera de todos os Estados.

Em 2011, o governador da Flórida, Rick Scott, estava buscando profundos cortes orçamentários, e sua administração propôs mudanças de redução de custos para o programa estatal do ADAP. As mudanças significariam que cerca de 1.600 pessoas que estavam recebendo assistência do ADAP a perderiam. Em junho de 2011, David e eu escrevemos uma carta para o governador Scott implorando-lhe que reconsiderasse as mudanças propostas por sua administração para o ADAP. Tentamos lhe explicar o que uma falta de tratamento significaria, não somente para aqueles que vivem com a doença como Steven, mas para a Flórida e para a nação como um todo. Pleiteamos junto a ele que "negar tratamento de HIV para pessoas de baixa renda não somente prejudica a saúde delas e aumenta a incidência de HIV resistente a medicamentos, como também aumenta a probabilidade de que essas pessoas espalhem a doença para outros". David falou com a imprensa da Flórida. Escrevemos artigos de opinião. Começamos uma petição online e enviamos mais de 4 mil assinaturas para o governador Scott.

A resposta que recebemos foi chocante. Era uma carta do cirurgião-geral da Flórida, dr. Frank Farmer, escrita no papel timbrado do governador. Ela dizia, estranhamente, que por ser tão grande a lista de espera para o ADAP, o Departamento de Saúde estava considerando novos critérios de elegibilidade "em um esforço para garantir que a Flórida esteja alocando o dinheiro apropriadamente para os remédios de Aids para aqueles que são mais vulneráveis". Suponho que a implicação disso fosse que haveria pessoas que estavam recebendo apoio da ADAP tendo condições de pagar sozinhas. Era um absurdo completo.

Dr. Farmer defendeu as ações da administração do governador Scott sugerindo que outros Estados haviam dado passos similares de cortes de custos. Então ele teve a audácia de fechar com o seguinte: "Nós cordialmente os convidamos a considerar uma série de shows beneficentes para o ADAP na Flórida. Adoraríamos recebê-lo no Sunshine State e tenho certeza de que seus shows serão um imenso sucesso!".

Uma porra de um show beneficente. Como se isso pudesse levantar algo *próximo* do dinheiro necessário para preencher as necessidades. Era tão condescendente quanto completamente idiota. O estado americano da Flórida, com seu orçamento anual de 69,1 *bilhões* de dólares, estava propondo terceirizar seus esforços para a Aids a um músico britânico. Que ideia ridícula, que uma celebridade pudesse substituir um governo. Isso realmente diz tudo, creio eu.

No final, quando o orçamento federal americano para 2011-2012 foi aprovado, ele incluía um aumento de 48 milhões de dólares para a verba do ADAP. Era o suficiente para evitar que a Flórida fizesse mais cortes. Mas não era suficiente para cobrir milhares de pessoas em toda a nação que, no exato momento em que escrevo isto, continuam desesperadas em listas de espera.

É fácil demais para líderes políticos pensarem sobre a Aids somente de forma abstrata. É fácil demais para eles se esquecerem de que há pessoas de verdade contando com eles para ajuda, pessoas que merecem a mesma chance de viver uma vida longa como qualquer outra pessoa.

No final, a única forma de acabar com a Aids será com um compromisso de fazê-lo não somente de *um* governo, mas de *todos* os governos. Um compromisso de governadores e presidentes. De primeiros-ministros. Da Ásia, da África e da Europa.

Governos podem ser a maior força na luta para livrar o mundo da Aids. Mas somente se eles assim o decidirem.

9
Uma grande responsabilidade

Cerca de quatro meses depois que o presidente Bush anunciou o PEPFAR em seu discurso do Estado da União, estávamos todos nos sentindo muito otimistas. Em dez anos desde a criação da fundação, pela primeira vez realmente parecia que estávamos à beira de uma revolução. O governo americano havia assumido um compromisso histórico de acabar com a Aids. Havia tanta esperança, tanta adrenalina! Isso me fez pensar muito em Ryan. Muitas coisas me fazem pensar nele, mas naqueles dias, quando parecia que estávamos atingindo um marco importante, senti ainda mais sua presença. Esse era seu legado, afinal.

Era também um lembrete de quão importantes todos os tipos de instituições são na luta contra a Aids. Não somente governos, mas também corporações, grupos religiosos e sem fins lucrativos. Do bem que elas podem fazer, de quantos recursos elas conseguem reunir, e de quanta influência elas podem exercer. Era um lembrete da possibilidade – de que poderíamos acabar com a Aids para sempre, se tentássemos.

Talvez seja por isso que o artigo do *The New York Times* que li naquela manhã de maio de 2003 tenha me caído como um soco no estômago. Ele começava assim:

Uma divisão da companhia farmacêutica Bayer vendeu milhões de dólares em remédios coagulantes para hemofílicos – remédio que carregava um alto risco de transmitir a Aids – para a Ásia e a América Latina em meados dos anos 1980 enquanto vendiam um novo produto, mais seguro, em países ricos, de acordo com documentos obtidos pelo *The New York Times*.[1]

Esse remédio ao qual o artigo se referia era o Fator VIII, o mesmo remédio que fez com que Ryan contraísse o HIV. No início dos anos 1980, era esmagadora a evidência de que o Fator VIII era perigoso em sua forma atual. Então a Bayer, a fabricante da droga, apresentou uma versão mais segura em 1984.

De acordo com o *Times*, a empresa tinha um amplo excedente do antigo fator VIII infectado pelo HIV, e eles não iam descartá-lo. Isso seria desperdício. Então, em vez disso, eles o venderam. Para outros países.

A Bayer alegou que isso não era culpa deles. Os clientes ainda queriam os itens antigos, pois duvidavam da eficácia do novo medicamento, então a Bayer lhes forneceu. Alguns países, de acordo com eles, demoraram para aprovar o novo medicamento. Também havia falta de plasma para o novo medicamento. Eles estavam simplesmente atendendo à demanda, segundo alegavam. Quando médicos em Hong Kong, preocupados com o número crescente de pacientes hemofílicos com HIV, pediram pelo novo fator VIII, a Bayer os incentivou a usar seus estoques existentes do tratamento velho e infectado primeiro. E não é só. A empresa continuou fabricando o produto velho também, mesmo *depois* que souberam que cada lote tinha potencial de transmitir o HIV.

Como o *Times* relatou, a empresa já tinha vários contratos de preço fixo assinados, então eles iam receber a mesma quantia independentemente de venderem o novo medicamento ou o velho. E o mais velho era mais barato de se fabricar.

"Esses são os documentos internos da indústria farmacêutica mais incriminadores que já vi", disse o dr. Sidney M. Wolfe, diretor do Public Citizen Health Research Group ao *Times*. Na verdade, em fevereiro de 1985, um ano depois de o produto mais novo e mais seguro ser lançado, uma força-tarefa interna da empresa perguntou, simplesmente: "Podemos continuar de boa fé exportando produtos [potencialmente contaminados] para o Japão?" Eles não podiam – não de boa fé, não com a consciência limpa. Mas eles o fizeram.

É impossível saber quantas pessoas morreram por causa das ações da Bayer. O que sabemos de fato é que a empresa exportou mais de 100 mil frascos de fator VIII potencialmente contaminados depois que eles já haviam começado a vender o produto mais seguro em outros lugares. Sabemos que essas transações valiam 4 milhões – cerca de 8 milhões de dólares hoje.

Enquanto a Bayer ainda insiste em sua inocência no assunto, foi só recentemente que se descobriu, em 2011, que a empresa fez um acordo – sem qualquer admissão de responsabilidade – na demorada batalha jurídica que resultou de suas práticas repreensíveis. Os detalhes exatos do acordo não foram revelados, mas segundo uma fonte, a Bayer concordou em pagar 50 milhões em indenizações.[2]

A Bayer disse ao *Times* que a Cutter (a divisão da empresa que vendia o fator VIII) havia se comportado de forma "responsável, ética e humana" ao continuar vendendo o medicamento original no exterior. Mas, até onde sei, foi ganância – afinal, isso são negócios e negócios têm a ver com dinheiro, não vidas. Todos nós conhecemos o poder da ganância. Mas essa história é um duro lembrete das decisões terrivelmente más que as pessoas tomam em nome dos lucros. É uma história que jamais deveríamos esquecer.

Enquanto eu ia lendo os detalhes naquele artigo, pensei em Ryan e meu coração apertou pelos milhares de anônimos que haviam morrido da mesma forma que ele morreu. Ryan, como muitos de meus amigos, contraiu a doença cedo demais, antes que tivéssemos qualquer tratamento de verdade, antes que soubéssemos o que a causava e como preveni-la. Mas quantas outras pessoas deve ter havido em Hong Kong, Taiwan, Argentina e muitos outros lugares que não precisavam ter contraído a doença? Que não precisavam ter morrido?

Um ano antes, eu havia dito ao comitê do Congresso: "As companhias farmacêuticas são as únicas organizações no mundo cujos recursos conseguem competir com os dos governos ricos no combate às doenças". Mas também disse: "Elas perderam a confiança do público. Elas não podem continuar retendo lucros, recebendo subsídios para suas pesquisas e então sumir no meio de uma emergência mundial de saúde. Elas não podem continuar nos dizendo que estão no negócio de salvamento de vidas se sempre colocam os negócios *à frente* de salvar vidas. Precisamos delas – e de todos – como parceiros".

Em meu testemunho não era às ações malvadas da indústria farmacêutica que eu estava me referindo; era à maldade da *inação*.

Como já escrevi, houve avanços extraordinários nos tratamentos de Aids nos últimos trinta anos, uma verdadeira prova da genialidade incrível de pesquisadores e cientistas que se dedicaram a acabar com a doença. Muitos desses cientistas são empregados por empresas de medicamentos. Muitos não são.

O que empresas de medicamentos dizem é que o desenvolvimento farmacêutico não acontece, simplesmente. Ele requer investimentos, às vezes centenas de milhões de dólares; ele requer anos de testes, às vezes mais de uma década, através de várias fases rigorosas. Se as coisas não dão certo, se a droga falha, as companhias ficam responsáveis por todo o investimento. E se elas dão certo, as empresas precisam recuperar o dinheiro que investiram – além de um lucro razoável – quando seu novo medicamento é vendido.

Elas dizem que é assim que funciona, e é por isso que, por mais que elas lamentem, os medicamentos para a Aids no mercado são tão caros – proibitivos, para a grande maioria das pessoas no mundo que convivem com a doença. Simplesmente não há outra maneira.

Mas isso é só uma meia verdade. Talvez nem isso.

É incrivelmente raro que companhias farmacêuticas trabalhem no tipo de pesquisa que elas descrevem como tão caras sem a ajuda – muita ajuda – dos contribuintes. Companhias farmacêuticas não são as únicas que investem em pesquisa. O maior custo que elas enfrentam é compartilhado. Boa parte da pesquisa básica e decisiva é financiada por entidades públicas ou sem fins lucrativos. Essa pesquisa nem chega até a indústria farmacêutica até que um grande avanço tenha sido feito. E mesmo assim, as empresas de medicamentos obtêm financiamento para transformar o avanço em algo que elas possam vender.

A amfAR, por exemplo, investiu mais de 340 milhões e emitiu subsídios para mais de 2 mil equipes de pesquisas. O trabalho que eles financiaram é amplamente responsável pelo desenvolvimento de todos os tipos de tratamentos de HIV. Eles financiaram a pesquisa que mostrou como os antirretrovirais conseguiam bloquear a transmissão da doença de mãe para filho. Seus subsídios ajudaram a melhorar as capacidades de diagnóstico e monitoramento, e a pesquisa que eles capacitaram nos ajudaram a entender melhor o vírus. Atualmente a amfAR está financiando pesquisas para a vacina do HIV.

E essa é só uma ONG. O governo americano e a comunidade internacional gastaram bilhões de dólares em pesquisas sobre a Aids até hoje. Então a indústria farmacêutica não está fazendo esse trabalho sozinha, como ela alega. E ainda assim cobram preços como se estivessem. Não é à toa que estão entre as empresas mais rentáveis do mundo.

Vale a pena lembrar que foi o CDC, não uma empresa farmacêutica, o primeiro a alertar o mundo sobre o vírus do HIV e o primeiro a identificar as maneiras como ele era transmitido. Foi um médico que trabalhava em um instituto francês sem fins lucrativos, não uma empresa de medicamentos, que isolou o vírus. Foram os Institutos Nacionais de Saúde, financiados pelo governo americano, não uma empresa farmacêutica, que encabeçaram a pesquisa inicial sobre a doença. Foi a amfAR que patrocinou a pesquisa sobre os inibidores de protease que funcionaram como tratamentos de segunda linha. E em 1996, foi um pesquisador chamado David Ho, diretor não de um laboratório farmacêutico particular, mas do Aaron Diamond Aids Research Center em Nova York, sem fins lucrativos, que descobriu o chamado coquetel salva-vidas da Aids, usando os mesmos inibidores de protease investigados pela amfAR, que viria a revolucionar o tratamento para milhões de pessoas que vivem com HIV/Aids.

Não estou escrevendo isso para sugerir que a indústria farmacêutica não tem o seu papel. Ela tem um papel crucial. Mas tenho fortes objeções quanto à história que ela prefere contar e as consequências disso. A distância que percorremos com os tratamentos para a Aids foi uma das maiores conquistas coletivas da humanidade. Não foi, como eles querem fazer com que as pessoas acreditem, um produto inteiramente do próprio trabalho da indústria farmacêutica.

A verdade é que as empresas de medicamentos têm condições de vender remédios para a Aids por menos – muito menos – e ainda assim terem um bom lucro. Elas têm o poder de agir, de se colocar na frente e se tornar os líderes mais corajosos de todos na luta para acabar com a doença. Não estou dizendo que a indústria farmacêutica não deve ter lucro. Ela não existiria se não pudesse ganhar dinheiro, e precisamos muito que ela exista. A questão é: será que o lucro sobre drogas essenciais tem de ser tão alto a ponto de evitar que elas salvem vidas, como seria a intenção?

Deixe-me colocar desta maneira. Finja por um momento que você é uma companhia farmacêutica multinacional que vale milhões de dólares. Se você descobrisse que poderia salvar milhões de vidas e ao mesmo tempo lucrar, mas que sua margem de lucro seria ligeiramente menor do que é agora, você faria isso?

E se eu incrementar a proposta? E se você tivesse de cobrar muito menos por seus medicamentos para a Aids nos países em desenvolvimento, mas em troca você pudesse ter acesso a milhões de novos clientes? E se seus lucros por pílula fossem menores, mas no total você conseguisse ganhar mais dinheiro do que ganha agora porque de repente estaria cheio de novas encomendas? E se eu lhe dissesse que esses milhões de clientes cujas vidas você estivesse salvando fossem precisar tomar as pílulas que você produz todos os dias pelo resto de suas vidas?

Em outras palavras, e se eu lhe dissesse que eu poderia arranjar para você milhões de clientes eternos aos quais você não teria acesso de outra maneira, e lucros enquanto a Aids existisse? E que tudo que você teria de fazer seria baixar os preços?

Quem *não* aceitaria esse acordo?

Esse não é um cenário hipotético. Esse foi um acordo de verdade oferecido às maiores companhias farmacêuticas pela William J. Clinton Foundation alguns anos atrás. Um acordo que elas rejeitaram na hora.

Em 2002, a fundação do ex-presidente Bill Clinton começou a abordar a questão da Aids. O presidente Clinton disse muitas vezes que se arrepende de não ter feito mais para combater a Aids enquanto estava na Casa Branca. Também lamento que ele não tenha feito mais. Mas, desde que ele deixou a função, o trabalho de sua fundação tem sido fundamental.

A Clinton Foundation começou nas Bahamas, onde descobriram que o governo estava pagando cerca de 3.600 dólares ao ano por pessoa por remédios genéricos de Aids, em vez do preço de catálogo de 500 dólares. "Como pode?", eles perguntaram. Em uma investigação, a Clinton Foundation descobriu que os intermediários estavam aumentando os preços. Então eles entraram em contato com fabricantes de genéricos e fizeram um acordo que cortasse esses intermediários e tornaram os remédios muito mais baratos para o governo das Bahamas.[3]

Esse episódio despertou o interesse do ex-presidente e de sua equipe. Os remédios para Aids eram mais caros do que deveriam ser? Será que algo poderia ser feito a respeito?

O presidente Clinton reuniu uma pequena equipe de consultores gerenciais que descobriu algumas coisas importantes: primeiro, eles concluíram que podiam dinamizar as operações das companhias farmacêuticas, tornando a produção de medicamentos mais barata. Então descobriram que podiam fazer o mesmo para cada empresa na cadeia de abastecimento. Torne tudo mais rápido, melhor, mais eficiente e você tornará tudo mais barato.

Mas esse era só o começo. O plano em seguida seria conseguir com que as empresas farmacêuticas produzissem em uma escala muito maior, que tornaria cada pílula individual bem menos cara de se produzir. É como quando você vai à mercearia: você pode comprar um refrigerante por 1 dólar ou um pacote com doze por 6 dólares, que é somente 50 centavos por refrigerante. Compre um pacote de 24 por 8 dólares, e agora é somente 34 centavos por refrigerante. Imagine quão barato seria se, em vez de comprar 24 refrigerantes, você fosse comprar 24 mil. O preço por refrigerante cairia para tostões.

Então a ideia era bastante simples: se os fabricantes de medicamentos produzissem muito mais medicamentos, os medicamentos em si seriam muito mais baratos de se produzir e, portanto, de se vender. Isso significaria que com o mesmo gasto governamental, muito mais medicamentos poderiam ser comprados e muito mais vidas poderiam ser salvas.

O problema era que nenhuma empresa farmacêutica faria mais medicamentos se não houvesse certeza de que haveria clientes para comprá-los. Na época, a Clinton Foundation estimava que houvesse somente 70 mil pessoas recebendo tratamento nos países em desenvolvimento. Mas havia milhões que precisavam dele.[4]

Foi aí que entrou a fundação. Primeiro, eles procuraram governos na África e no Caribe e fizeram uma proposta básica: se conseguirmos remédios para Aids baratos para você, você se compromete a comprar uma grande quantidade deles? Então eles foram até empresas farmacêuticas e fizeram a proposta inversa: se conseguirmos para vocês 2 milhões de clientes nos países em desenvolvimento, ajudarmos a tornar sua operação e cadeia de abastecimento bem mais eficiente e ainda assim garantir lucro, vocês venderiam seus remédios por muito menos do que vendem agora?

Os governos disseram sim. Mas as empresas farmacêuticas de marca se recusaram. Elas não quiseram nem saber.

Não tenho certeza do que o presidente Clinton disse naquelas reuniões. Ele é um dos homens mais persuasivos do planeta, isso todos sabem. E aquilo era um belo acordo, afinal. As empresas iriam ganhar bastante dinheiro, e iam fazê-lo vendendo remédios para uma imensa população de clientes aos quais elas não tinham acesso. E essa era somente a parte dos negócios – inúmeras vidas também seriam salvas. Mas as empresas recusaram a oferta. De alguma forma, elas encontraram um jeito de recusar uma proposta que teria gerado mais dinheiro para elas e feito um impacto real na luta contra a Aids ao mesmo tempo.

A boa notícia é que Bill Clinton não é tão facilmente dissuadido. Se as fabricantes de marca não iam se prontificar, ótimo, ele levaria sua oferta para outro lugar. Sua fundação procurou fabricantes de genéricos na Índia, na África do Sul, na Tailândia e outros países, e perguntou se elas estavam interessadas na mesma proposta. Mas havia uma pegadinha: se as empresas de genéricos fabricassem os remédios, elas correriam o risco de violar a patente das empresas de marca. Ele recomendou que elas fossem em frente de qualquer maneira. Elas teriam o pleno apoio dele. "Nenhuma empresa vai viver ou morrer por causa de ágios nos preços altos para medicamentos de Aids em países de renda intermediária", disse Clinton na Tailândia, "mas os pacientes, sim."[5]

A Clinton Foundation cumpriu com sua parte do acordo. As fabricantes de genéricos também. E em maio de 2007, a fundação de Clinton pôde anunciar um acordo incrível. Os preços cairiam, em média, 25% em países de baixa renda. Eles cairiam em média 50% nos países de renda intermediária. E tratamentos de uma pílula por dia seriam disponibilizados por menos de 1 dólar em países em desenvolvimento, o que representava um desconto de 45% na África. O acordo, no total, impactaria 66 nações do mundo inteiro. Foi quase um milagre, e as grandes companhias farmacêuticas não tiveram papel nenhum na equação.

Eu falei sobre o papel fundamental dos governos no combate à Aids. Eu disse que nenhuma instituição era tão capaz quanto eles de promover mudanças tão abrangentes. Mas os governos sozinhos não resolverão esse problema. Governos não são as únicas instituições em nossa sociedade. Eles não são os únicos atores em campo. Se vamos livrar o mundo da Aids, precisaremos do comprometimento dos governantes, sim, mas também precisaremos do comprometimento de muitos outros. E precisamos muito de um comprometimento dos fabricantes de medicamentos.

Os fabricantes de genéricos têm sido heróis silenciosos nisso tudo. Na verdade, eles fornecem cerca de 80 a 90% de todos os medicamentos para a Aids em todo o mundo. Mas os genéricos são minúsculos em comparação com os grandes. De maneira global, as companhias de marca representam cerca de oito vezes a participação de mercado das empresas de genéricos. Precisamos também das grandes companhias farmacêuticas. Não estou pedindo para que elas se tornem organizações de caridade em vez de empresas. Não sou tão ingênuo a ponto de pensar que isso funcionaria, ou que isso seria prudente. Só estou pedindo para que elas sejam um pouco mais leais às suas missões. Se você pode ganhar dinheiro enquanto salva vidas, então bom para você. Mas se você decide ganhar ainda mais dinheiro às custas das vidas das pessoas, então você deveria sentir vergonha. As empresas farmacêuticas têm uma obrigação não somente para com seus acionistas, mas também para com o público em geral. Se elas ignorarem essa obrigação, a luta contra a Aids nunca será vencida.

Essa é uma luta que requer o máximo possível de reforços, de cada instituição em nossa sociedade global. E preciso dizer que embora os governos sejam essenciais, e embora as empresas farmacêuticas também sejam, eles não são os únicos. Precisamos de outras corporações, todas que puderem dar uma mão. Vocês ficariam surpresos em saber quanto efeito elas podem ter.

Lembro-me de que em 1987, a General Motors foi uma das grandes empresas fora de Hollywood a lançar um programa de prevenção e conscientização da Aids para seus empregados. Na época eles tinham 519 mil funcionários. São muitas pessoas que aprenderam sobre detalhes da doença porque os executivos da empresa decidiram que a Aids era importante. E o fato de que a GM estava disposta a dar esse passo, tenho certeza, teve um grande papel no fato de outras empresas terem embarcado também.

Ou pegue um exemplo mais contemporâneo: o Walgreens, a maior rede de farmácias dos Estados Unidos, designou mais de quinhentas de suas farmácias como "Centros de Excelência de HIV" em comunidades bastante afetadas pelo HIV/Aids. Essas lojas possuem equipes com farmacêuticos especialmente treinados. Suas prateleiras são bem abastecidas de antirretrovirais, e muitas dessas lojas oferecem camisinhas femininas, que podem ser muito difíceis de encontrar. Os farmacêuticos ligam para seus pacientes com frequência. Eles trabalham juntamente a fabricantes de remédios para conseguir doações de medicamentos para pacientes que não têm condições de pagar. Eles até ajudam aqueles que estão sofrendo de crises relacionadas – vício, por exemplo – a procurar por ajuda ou tratamento.

É assim que você faz a diferença. E, aliás, é assim que você pode ganhar dinheiro enquanto faz a diferença. A Walgreens está contribuindo para o combate à Aids, é claro, mas imagino que também estejam tendo lucro ao conseguir novos clientes. Por mim, tudo bem. Não há nada de errado em fazer o bem e ganhar bem ao mesmo tempo.

Existem inúmeras outras formas pelas quais as empresas podem ter um impacto. Por exemplo, nossa fundação fez parceria com a Kaiser Family Foundation e o Black Aids Institute na Greater Than Aids [Maiores que a Aids], uma iniciativa maravilhosa entre parceiros públicos e privados que pretende educar e mobilizar aqueles que mais são afetados pela epidemia da Aids nos Estados Unidos. Como parte desse esforço, grandes empresas de mídia e outros aliados corporativos estão trabalhando junto a departamentos de saúde e organizações comunitárias com foco na Aids para aumentar o conhecimento e o entendimento da doença e para enfrentar o estigma em torno dela.

Há muitas corporações que têm sido essenciais na luta, ainda que elas em si não estejam nas linhas de frente. Nossa fundação recebeu milhões de dólares de centenas de doadores corporativos nos últimos vinte anos. Há uma quantia enorme de dinheiro circulando pelo mundo corporativo, e existem pessoas de bom coração nessas empresas. Sei disso em primeira mão. Nosso objetivo deveria ser canalizar parte desses recursos e os esforços de executivos corporativos para a luta contra a Aids.

Na verdade, cada instituição influente, cada instituição com recursos, deve se prontificar se quisermos vencer essa batalha. Não podemos fazer isso sozinhos. Não podemos fazer isso com somente algumas pessoas. Precisamos de todos, desde diretorias até as linhas de frente. Precisamos de todos eles – governos, corporações, e, sim, até instituições religiosas. *Especialmente* instituições religiosas.

No verão de 2010, o jornalista alemão Peter Seewald se sentou com o Papa Bento XVI por vários dias para uma entrevista que ele planejava transformar em livro. Eles falaram sobre várias questões, mas a que mais chamou a atenção do público foi a conversa que tiveram sobre Aids.

Seewald perguntou ao papa sobre os esforços da Igreja em combater a Aids, especialmente à luz de sua rígida oposição à contracepção. "Há críticos", disse Seewald francamente, "que argumentam que é loucura proibir uma população de alto risco de usar camisinhas." O papa Bento deu uma longa resposta. No final, ele parecia fazer o que militantes da Aids vinham pedindo desde que a doença se tornou conhecida; ele parecia reverter a posição da igreja sobre camisinhas:

> Pode haver uma razão no caso de alguns indivíduos, como talvez quando um prostituto usa uma camisinha, em que isso pode ser um primeiro passo na direção de uma moralização, uma primeira presunção de responsabilidade, na direção de recuperar uma consciência de que nem tudo é permitido e que não se pode fazer qualquer coisa que se queira.[6]

Seewald ficou surpreso com a resposta do papa. "Então você está dizendo", ele perguntou, "que a Igreja Católica na verdade não é contra o uso de camisinhas, em princípio?" Mais uma vez, uma surpreendente reversão do papa:

> É claro que ela não a vê como uma solução real ou moral, mas, em um caso ou outro, ainda assim pode haver, na intenção de reduzir o risco de infecção, um primeiro passo em um movimento na direção de um caminho diferente, mais humano, de viver a sexualidade.[7]

Agora, se você for como eu, poderia ler as palavras do papa uma dezena de vezes e ainda assim imaginar de que diabos ele está falando. Mas quando relatos dessas citações foram revelados, houve uma sensação de pura alegria. Acontece que mesmo essas declarações distorcidas eram um distanciamento radical da posição mantida por tanto tempo e com tanto esforço pela Igreja contra as camisinhas.

Na luta contra a Aids, sinto dizer, houve poucas instituições mais destrutivas do que a própria Igreja Católica. E em grande parte isso se deve ao posicionamento da Igreja sobre as camisinhas. No final dos anos 1960, o papa Paulo VI enviou uma bula papal para todos os bispos da igreja, expondo sua posição oficial – e a deles. Ele rejeitou completamente o uso de qualquer tipo de contraceptivo, em qualquer circunstância, dizendo que era "absolutamente descartado como um meio legítimo de controlar o número de filhos".[8]

O impacto desse decreto foi sentido no mundo inteiro muito antes que a crise da Aids surgisse. Mas nos anos 1980 e 1990, quando se tornou claro que havia uma doença sexualmente transmissível fatal devastando populações, que não havia cura para ela, e que o único método de prevenir a transmissão era o uso de camisinha, a posição da Igreja se tornou ainda mais insustentável. Ela não estava levando apenas a gravidez indesejada; estava levando a mortes – milhões delas.

Infelizmente, o papa João Paulo II foi terrivelmente rígido. Poucos meses após a morte de Ryan White, o papa viajou para a África, onde ele enfatizou, mesmo enquanto falava sobre a necessidade de se combater a Aids, que a contracepção era um pecado. Não é exagero dizer que suas palavras foram fatais.[9] Eu o considero pessoalmente responsável por todos aqueles que morreram por seguirem seu conselho, ou que não puderam ter acesso a camisinhas devido a seu decreto injustificado e imoral. Eu disse antes que suas palavras resultaram em genocídio, e mantenho essa declaração. Por mais amor e adoração que exista no mundo pelo papa João Paulo II, nunca o perdoarei por isso.

O que é pior, se você pode imaginar qualquer coisa pior, a Igreja ativamente *desinformou* seus fiéis. Suponho que seja uma coisa dizer às pessoas que o uso de camisinhas é um pecado. Outra, completamente diferente, é dizer-lhes que camisinhas simplesmente não funcionam. No entanto, foi exatamente isso que aconteceu. Como o *The Guardian* relatou em 2003, "A Igreja Católica está dizendo às pessoas em países acometidos pela Aids para não usarem camisinhas porque elas possuem furinhos pelos quais o HIV pode passar".[10]

É claro que isso é categoricamente mentira. O uso correto de camisinhas reduz o risco de transmissão de HIV em 90%. Mas isso não impediu a Igreja de pregar o contrário. Não impediu o papa Bento XVI, em 2009, de dizer na África que o uso de camisinhas na verdade torna o problema pior.[11] Tampouco impediu a Igreja de fazer lobby por uma lei em El Salvador que requeria que camisinhas portassem um rótulo falso de aviso dizendo que elas não protegem contra o HIV.[12]

É essencial observar aqui que nem todos na Igreja Católica concordam com essa posição e que inúmeros católicos, especialmente freiras e padres que cuidam de pessoas que vivem com HIV/Aids, optaram por rejeitar o dogma da Igreja. Eles incentivam as pessoas com quem trabalham a usar camisinha. Eles consideram a posição da Igreja impossível de se justificar, diante da morte e do sofrimento que ela causou.

Conheci muitos desses católicos dedicados e fiéis. Nossa fundação trabalhou com eles em diferentes países. Passar algum tempo ao lado desses padres e freiras dedicados é saber que *eles* são a verdadeira igreja. Eles são as pessoas que realmente obedecem e representam os ensinamentos de Cristo. Lembro-me de Nicholas Kristof do *The New York Times* contando uma história de um padre no Brasil que lhe disse: "Se eu fosse papa, eu abriria uma fábrica de camisinhas bem no Vaticano. De que adianta enviar comida e remédios quando deixamos que as pessoas se contaminem pela Aids e morram?".[13]

Considerando essa história sórdida, toda a morte e sofrimento desnecessários, vocês podem entender quão importante era que o papa Bento mudasse a posição da Igreja, ainda que de leve. Tenho de lhe dar crédito por isso, ainda que eu rejeite o que ele disse sobre camisinhas tornarem a crise de Aids pior. Ele não foi tão longe quanto eu queria que ele fosse, ou tão longe quanto precisávamos que ele fosse, e sua posição parece, no mínimo, contraditória. Mas esse papa ferrenhamente conservador deu um primeiro passo na direção de uma mudança da posição da Igreja sobre as camisinhas – um passo que poucos achavam que ele jamais daria, em um caminho que poderia levar à erradicação da Aids, se assim o Vaticano decidisse.

Se não podemos fazer isso sem o governo do nosso lado, ou a indústria farmacêutica do nosso lado, ou as corporações do nosso lado, certamente não podemos fazê-lo sem as instituições religiosas do nosso lado. O poder delas é grande demais, o alcance da influência delas é muito amplo para que tenhamos sucesso com elas como nossos adversários. Então precisamos que elas fiquem do nosso lado na luta contra a Aids. Sim, isso significa ajudar os necessitados, dar tratamento e apoio – o que, para sermos justos, a Igreja Católica já faz bastante. Mas isso significa ainda mais. Significa incentivar a prevenção com base na lógica e na ciência. Significa rejeitar o estigma em vez de reforçá-lo. Significa acabar, de uma vez por todas, com a campanha de desinformação que está matando gente em todo o mundo.

Isso vale especialmente para a Igreja Católica, tanto por sua história quanto pelo seu extraordinário alcance de cerca de 1 bilhão de fiéis. Mas é crucial para todas as religiões, todas as casas de culto, não importa quão grandes ou pequenas, em todas as nações. Não há desculpas para prolongar a dor e a injustiça em nome de qualquer deus. Como eu disse, não sou um homem religioso. Mas sei que não existe nenhum deus, nenhuma religião que acredite que devemos dar as costas aos doentes. Nenhum deus poderia aprovar a inação e a desinformação que resultem em morte. Nenhum deus amoroso poderia concebivelmente aceitar essas consequências.

A meu ver, essas são as grandes instituições que mais importam e que têm a maior responsabilidade de agir. Governos. Corporações. Organizações religiosas. Cada uma delas tem o poder de responder à crise da Aids de formas diferentes. Cada uma delas tem a habilidade de fazer um bem extraordinário e um mal terrível, e todas elas têm a escolha do que fazer.

Mas, mesmo que elas ajam de forma responsável, mesmo que elas se juntem em uma causa comum para acabar com essa doença, elas ainda não podem fazê-lo *completamente* sozinhas. Existem papéis que elas não podem – ou, pelo menos, não querem – assumir jamais. E isso deixa buracos na estratégia, brechas que só podem ser preenchidas por ONGs originadas pela sociedade civil.

Pense nisso. O presidente Clinton foi capaz de cortar o preço dos medicamentos para Aids fazendo algo com sua fundação que ele nunca teria feito quando esteve na Casa Branca: encorajou outras nações a violarem patentes internacionais. Isso é um exemplo de uma grande ONG fazendo coisas grandes. Mas também existem pequenas organizações, fundações administradas não por ex-presidentes, mas instituições beneficentes atuando nas linhas de frente, fazendo trabalhos que você nunca verá governos fazendo.

Por exemplo: a EJAF custeia uma fantástica organização com sede em Washington DC chamada HIPS, acrônimo para "Helping Individuals Prostitutes Survive" [Ajudando profissionais do sexo a sobreviverem]. Essa é uma população marginalizada e estigmatizada que precisamos ajudar se quisermos acabar com a doença, mas que o governo americano não apoiará tão cedo, posso lhes garantir.

Sem as instituições beneficentes, um trabalho essencial como esse não seria feito. Organizações filantrópicas têm um papel imenso na luta contra a Aids e uma imensa responsabilidade também, assim como toda instituição que discuti aqui. Assim como o trabalho das associações beneficentes é essencial, a forma com que elas executam seu trabalho também é essencial. Associações devem agir de acordo e com a mesma responsabilidade que exigimos dos governos, das corporações e das instituições religiosas.

Independentemente de você estar operando uma fundação subsidiadora como a EJAF, ou uma organização pequena de atuação local como as muitas que custeamos, a força da operação determina o alcance de seu impacto. E isso importa muito. Se vamos acabar com essa doença, o impacto das associações beneficentes deve ter o maior alcance possível. Recursos são tão preciosos que não podemos desperdiçá-los; do contrário, estaremos prejudicando a causa.

Existem muitas pessoas maravilhosas que querem fazer um trabalho importante. Elas têm o que acreditam ser uma ideia singular, e elas decidem fundar uma ONG. Mas o que algumas não fazem antes de começar, ou mesmo depois, é determinar se outra organização já está fazendo o que eles começaram a empreender. Algumas vezes as ONGs reinventam a roda sem se dar conta disso. Em outras, elas percebem que estão duplicando o esforço de outra organização, mas se convencem de que elas podem se sair melhor, de qualquer maneira. Às vezes elas estão certas, às vezes isso funciona. Mas muitas vezes não, e verbas escassas são desperdiçadas.

Se você vai fundar sua própria organização, muito bem. Acho fantástico, e para mim foi uma experiência que mudou minha vida. Mas é essencial que novas organizações preencham uma necessidade que ainda não está sendo atendida. Do contrário é um desperdício de tempo dessa organização e do dinheiro dos doadores. ONGs que trabalham juntas em uma questão específica precisam se ver como parte de uma única equipe estratégica, não como jogadores isolados.

Esse era o cerne da filosofia de operação da EJAF no começo dos anos 1990, e assim permanece até hoje. Concluímos que aquilo que fazíamos melhor que os outros era levantar dinheiro. Mas em vez de tentar determinar a melhor maneira de usar o dinheiro que levantamos (que em si custaria muito dinheiro), a EJAF-EUA encontrou uma organização que já havia descoberto como fazer isso – a National Community Aids Partnership. Em vez de contratar equipes de pessoas para saírem nas linhas de frente, identificamos organizações que já estavam em campo fazendo o trabalho, e nos certificamos de que elas teriam verba para obterem sucesso.

Na verdade, só no braço britânico de minha fundação, através de parcerias estratégicas obtivemos mais 350 milhões além da verba que arrecadamos diretamente com a EJAF. Nos Estados Unidos, alavancamos outros 127 milhões. Só de trabalhar com outras organizações na luta contra a Aids de uma forma coordenada e unida, aumentamos muito nosso impacto direto.

A ideia de alavancagem deve ser fundamental para as ONGs, uma vez que a maioria tem recursos muito limitados. Encontrar oportunidades para maximizar esses recursos através de parcerias em projetos ou em arrecadação de fundos é essencial. É como diz o velho ditado: "O todo é maior que a soma de suas partes". Em minha experiência, quaisquer conquistas feitas em trabalhos de caridade são conquistas *coletivas*. Parcerias alavancadoras não são somente uma boa ideia, mas sim uma necessidade.

Afinal, talvez mais do que qualquer outra coisa, as ONGs precisam de credibilidade para terem êxito. E essa credibilidade vem não somente do sucesso em campo, mas também da prova de que estão sendo geridas da forma mais eficiente possível. Isso importa para os doadores, que podem decidir fazer um cheque gordo ou segurar um cheque gordo, dependendo de como a operação estiver sendo conduzida. Quando você perde credibilidade quanto ao modo que administra sua organização, você perde doações. E quando você perde doações, perde a capacidade de cumprir sua missão.

É por isso que tenho orgulho do fato de a EJAF ter operado com eficiência implacável desde o primeiro dia. Desde os anos em que nos viramos com um escritório improvisado na cozinha de John Scott, continuamos a manter nossas despesas gerais o mais baixas possíveis. Como resultado da forma firme e eficiente como administramos nossa organização, a EJAF recebeu a mais alta classificação da Charity Navigator, quatro estrelas, por sete anos consecutivos. O mais importante é que nossa eficiência é a razão pela qual recebemos esse apoio tão grande de muitos indivíduos maravilhosos e patrocínios empresariais ao longo dos anos. Nossos doadores sabem que levamos nosso trabalho e suas contribuições muito a sério, e que seus financiamentos serão usados sabiamente para atingir um máximo impacto.

Então, como veem, todos nós temos um papel a exercer. Governos, corporações, instituições religiosas e a sociedade civil. Não podemos nos dar ao luxo de que qualquer um de nós fique de fora. Todos nós somos responsáveis por acabar com a Aids, e todos devemos contribuir para essa meta valiosa. Mas nenhum de nós pode ter êxito sozinho. Vencer essa epidemia exigirá que todas as grandes instituições da vida moderna lutem juntas e encontrem uma causa comum, apesar de amplas diferenças. Essa é uma tarefa incrivelmente intimidante, unir o mundo dessa forma. Mas eu acredito que isso *pode* ser feito.

Se trabalharmos juntos, com a compaixão como centro de nossos esforços, realmente é possível acabar com a Aids.

10
Acabando com a Aids para sempre

Vocês podem pensar que sou ingênuo, pura e simplesmente. Só mais uma celebridade com uma fundação, outro astro do rock que pensa ter a resposta para os males do mundo. A Aids é uma doença fatal, não algo que podemos espantar com sentimentos piegas e pensamento positivo. Isso é o mundo real, e nem sempre é bonito. Há tanta briga, tanto ódio. Como o *amor* poderia ser a cura para alguma coisa?

No entanto, no que diz respeito à Aids, o amor é a cura. Na verdade, no momento e num futuro visível, ele é a *única* cura.

A Aids não é como as outras doenças. É especial, por assim dizer. Considere a diferença entre a Aids e o câncer. Se você fosse capaz de tratar todos com câncer no planeta, se você pudesse dar a todos o melhor, o tratamento mais avançado possível, outras pessoas ainda teriam câncer. E, infelizmente, muitos daqueles que receberam tratamento ainda morreriam.

O mesmo vale para outras doenças entre as que mais matam no mundo, tais como doenças do coração, ou derrames, ou diabetes. A ciência existente ainda não consegue abolir sozinha essas enfermidades. Ainda não sabemos como tratar ou prevenir completamente essas epidemias. Precisamos de mais avanços médicos para conseguir isso.

Mas, a essa altura, se todas as pesquisas sobre a Aids tivessem de ser interrompidas de repente, se nunca fôssemos conseguir outra descoberta em nosso entendimento sobre o vírus do HIV, ainda assim poderíamos vencê-la. Poderíamos salvar a vida de quase *todos* os HIV positivos e prevenir *todas* as futuras infecções. Poderíamos acabar com a Aids. E isso é um fato *incrível*. É um fato que torna a Aids bastante singular entre as pandemias mais mortíferas do mundo.

Neste momento, enquanto ainda não temos uma cura para a Aids, temos a segunda melhor coisa: remédios que podem devolver a pacientes de Aids moribundos uma saúde quase perfeita e lhes proporcionar vidas longas. Às vezes pode haver efeitos colaterais desagradáveis, é claro, como acontece com tantos remédios. E algumas pessoas, como meu amigo Eli, ainda podem perder suas vidas em decorrência de complicações, apesar de terem recebido os melhores tratamentos médicos.

Mas os tratamentos de hoje salvam muitas vidas, e isso é que importa. O HIV não é mais uma sentença de morte. Com tratamento, o HIV se transforma de um vírus letal para uma doença crônica administrável. Com tratamento, quase todas as pessoas HIV positivas podem viver de forma feliz, confortável, produtiva e – repetindo o único desejo de meu amigo Ryan – *normal*. Hoje você pode ser HIV positivo e levar uma vida bem normal, de fato.

Ademais, se tornássemos o tratamento universal, com o tempo poderíamos acabar com a epidemia da Aids *para sempre*.

Deixe-me explicar.

Em 2011, pesquisadores financiados pelo governo americano fizeram uma descoberta milagrosa: pessoas que vivem com o HIV e recebem tratamento têm até *96% menos probabilidade* de passar o vírus para um parceiro sexual. Em outras palavras, os tratamentos atuais são tão eficazes que reduzem a presença do vírus do HIV no corpo de uma pessoa infectada a quase zero. Como resultado, a chance de infectar outros desaba. Isso significa que o *tratamento também é prevenção*. E, portanto, se tratarmos todos, podemos reduzir drasticamente a disseminação do HIV. Ao dar medicamentos para cada pessoa que tiver HIV/Aids no mundo hoje – ou mesmo para a *maioria* delas – podemos prevenir dezenas de milhões de futuras infecções. Salvaríamos milhões de vidas daqueles que já estão infectados, sim, mas também começaríamos a acabar com essa doença ao impedir que ela se espalhe.

Ao mesmo tempo, precisamos aumentar muito a aposta em outras medidas altamente eficazes e que se provaram preventivas. Camisinhas gratuitas, educação sexual e programas de troca de agulhas são componentes essenciais de qualquer esforço para acabar com a Aids. Idealmente, forneceríamos isso para populações marginalizadas e de alto risco tais como profissionais do sexo, usuários de drogas injetáveis e homens que fazem sexo com homens. Além disso, descobriu-se que homens heterossexuais circuncisados têm uma probabilidade 60% menor de passar o HIV para uma parceira sexual, e portanto muitos ativistas da Aids sugerem a circuncisão masculina voluntária como uma ferramenta muito importante para deter a disseminação do HIV. Por fim, para manter a Aids em recuo, também precisamos garantir que todos aqueles que recebem medicamentos permaneçam tomando pelo resto da vida. Isso por causa da forma como nossos tratamentos atuais funcionam. Se pessoas com HIV param de tomar seus remédios, o vírus volta com tudo. Pior, ele pode voltar mais forte, mais violento e potencialmente resistente aos tratamentos atuais. Se muitos soropositivos parassem de tomar seus remédios totalmente e de uma vez, isso poderia desencadear uma nova epidemia de Aids, uma que talvez não consigamos tratar ou prevenir.

Considerem, então, onde estamos hoje na questão do tratamento e da prevenção do HIV/Aids. Temos medicamentos incríveis que podem encurralar o vírus indefinidamente e impedir que ele se espalhe. Temos métodos de prevenção que podem eliminar qualquer chance de transmissão do vírus. Isso significa que não precisamos esperar por uma vacina para o HIV, embora eu torça desesperadamente para que encontremos uma logo. O que precisamos para acabar com a Aids *agora mesmo* é de compaixão, de empatia, de comprometimento e, sim, de amor para nos certificar de que todos os HIV positivos tenham acesso a tratamentos existentes e métodos de prevenção estabelecidos.

Não se pode dizer o mesmo a respeito do câncer ou de doenças do coração ou de praticamente qualquer outra epidemia. Mas por causa dos esforços de cientistas e médicos e pesquisadores de todo o mundo, *podemos* dizer isso a respeito da Aids. Se conseguirmos como uma comunidade global encontrar o amor necessário para concordar que cada vida tem igual valor, se pudermos reunir compaixão suficiente para fornecer tratamento e prevenção para todos que vivem com o HIV – e eu digo *todos*, não importa quem sejam, onde morem, ou quão ricos ou pobres eles possam ser –, podemos acabar com a Aids para sempre. Podemos evitar que 34 milhões de pessoas morram e outras dezenas de milhões fiquem doentes, e podemos conter o vírus em si entre aqueles que já foram infectados. Com o tempo, pessoas HIV positivas viveriam vidas normais e morreriam mortes normais, novas infecções cairiam e o vírus do HIV simplesmente deixaria de existir. Seria o fim da epidemia da Aids.

Conseguem imaginar isso? *Um mundo livre de Aids.* Só de pensar nisso meu coração vibra. E está inteiramente dentro de nosso alcance. Não é um conto de fadas; é realmente possível, de verdade. Podemos curar essa doença sem uma cura. Podemos acabar com a Aids com amor.

É por isso que a realidade do tratamento e da prevenção da Aids hoje é tão incrivelmente trágica. Apesar de todos os progressos sendo feitos na expansão do tratamento do HIV pelo mundo, ainda é fato que nem *metade* dos 14,2 milhões de pessoas em países de renda baixa e intermediária necessitando de terapia antirretroviral a receberam em 2010. Isso significa que ainda há muito trabalho a ser feito. Além disso, não estamos implementando amplamente os esforços de prevenção que se provaram eficazes. Em alguns lugares, não estamos implementando prevenção nenhuma.

Vocês podem imaginar que isso acontece simplesmente por ser tão caro fornecer tratamento e prevenção a todos que precisam. Afinal, tanto em nosso mundo se resume a dólares e centavos. Certamente deve custar uma fortuna para comprar medicamentos para dezenas de milhões de pessoas com HIV e, fazendo isso, começar a acabar com a epidemia. Se tal coisa fosse possível, se tal coisa fosse *acessível*, já o teríamos feito, você pode concluir com razão. O dinheiro deve ser o motivo pelo qual a humanidade não deu os passos necessários para acabar com a Aids.

Gostaria que isso fosse verdade. Gostaria que fosse somente uma questão de recursos. Mas não é. É uma questão de compaixão. Tudo se resume ao amor.

Em 2011, especialistas da Unaids, do Fundo Global de Luta Contra Aids, Tuberculose e Malária; do PEPFAR, da Fundação Gates, do Banco Mundial e da Organização Mundial de Saúde, entre outras, conduziram um abrangente estudo conjunto.[1] Eles elaboraram um modelo para uma forma de usar todos os tratamentos existentes e métodos provados de prevenção para acabar com a Aids. Então eles calcularam o custo e determinaram quantos recursos deveriam ser gastos. O que eles concluíram é assombroso.

De acordo com a Unaids, em 2010 cerca de 15 bilhões de dólares estavam disponíveis em todo o mundo para combater a Aids nos países em desenvolvimento.[2] O consórcio de especialistas determinou que levariam somente mais 5 a 7 bilhões de dólares por ano para passar de tratamento e prevenção para *alguns* até tratamento e prevenção para *todos que precisem*. De acordo com especialistas, esses gastos adicionais preveniriam 12,2 milhões de novas infecções e salvariam 7,4 milhões de vidas só entre 2011 e 2020.

No início, o financiamento dispararia, mas depois ele declinaria constantemente. Os gastos mundiais precisariam ser elevados de 16,6 bilhões em 2011 para 22 bilhões por ano em 2015, e a partir desse ponto cairia para 19,8 bilhões em 2020. Depois de 2020, o custo de uma campanha mundial para acabar com a Aids continuaria a declinar vertiginosamente, porque muito menos pessoas se infectariam e o custo de tratamento cairia para aqueles que já vivem com o HIV.

E aí está. Sabemos como acabar com a Aids, e sabemos o que isso custaria: mais 5 a 7 bilhões de dólares a cada ano até 2020, não muito mais do que estamos gastando hoje.

Em um primeiro momento isso parece muito dinheiro. Nas mãos de uma única pessoa, seria uma fortuna caída do céu. Se você tivesse vários bilhões de dólares, seria uma das pessoas mais ricas do planeta. Mas quando você coloca vários bilhões de dólares no contexto de gastos gerais, você logo percebe que na verdade não é muito dinheiro. Na verdade, é uma soma pequena, quase insignificante no grande espectro das coisas.

Considere o fato de que em 2010 os americanos gastaram sozinhos 11 bilhões de dólares em vitaminas, 16,9 bilhões em chocolate e 18,7 bilhões em ração para animais. Um punhado de bancos de Wall Street pagou 20,8 bilhões de dólares em bônus para empregados e executivos nesse mesmo ano. Mais recentemente, a Apple Inc. teve um lucro de 13 bilhões de dólares só no primeiro trimestre de 2012. Na verdade, no começo de 2012, a Apple tinha reservas em dinheiro de 96,7 bilhões. Isso mesmo, uma única corporação tem, guardada em sua conta bancária, bem mais do que a verba adicional de que precisamos para custear uma campanha global para acabar com a epidemia da Aids.

Não estou sugerindo que os americanos deveriam deixar seus animais de estimação morrerem de fome ou que a Apple deva usar os lucros do iPhone para combater a Aids. O que quero dizer é simplesmente isto: os vários bilhões de dólares extras necessários para acabar com a Aids é uma ninharia se comparados com frações do comércio global. E para os governos – especialmente em países ocidentais, economias desenvolvidas e grandes países em desenvolvimento –, vários bilhões de dólares por ano é o equivalente aos trocados no seu bolso.

E digo isso bem literalmente. Veja os Estados Unidos, por exemplo, a nação mais rica do mundo, com a maior economia. O orçamento do governo americano em 2011 foi de 3,7 *trilhões* de dólares. Esse é um número incompreensivelmente grande. Como referência, um bilhão está para um trilhão de dólares assim como um dólar está para mil dólares. Se você tivesse $ 3.700 em sua conta corrente, não daria mais $5 ou $7 para salvar milhões e milhões de vidas?

Devo dizer aqui que o governo americano já prometeu 48 bilhões de dólares para o PEPFAR entre 2009 até 2013 para combater a Aids, a tuberculose e a malária nos países em desenvolvimento. E em 2010, a Kaiser Family Foundation estimou que os Estados Unidos forneceram 54,2% de toda a ajuda internacional para a Aids.[3] O povo americano e seu governo estão fazendo mais do que qualquer outra nação para combater essa doença, e os americanos deveriam ter muito orgulho desse fato. Na verdade, deveriam ser celebrados por isso. Mas imaginem, com mais 5 a 7 bilhões por ano – um troco para o orçamento federal – os Estados Unidos conseguiriam acabar *sozinhos* com a Aids. Por uma pequena fração do que foi gasto na guerra do Iraque, os Estados Unidos seriam anunciados para sempre como o país que venceu a guerra contra a Aids. E isso não precisaria ser um fardo para os americanos. Governos de todo o mundo poderiam facilmente dedicar os fundos necessários para acabar com a Aids. O custo seria uma gota d'água no vasto oceano de gastos governamentais de todo o mundo. O dinheiro nem faria falta.

Não estou querendo sugerir que dinheiro é a única coisa da qual precisamos para acabar com a Aids. Ele é absolutamente necessário, mas de maneira alguma suficiente. Além de mais recursos, precisamos de mais compreensão, e é aí que entra você, meu caro leitor.

O HIV/Aids é uma doença que não só ataca o sistema imunológico humano; ele ataca o sistema social humano. Ele infecta nossas instituições cívicas com medo, nossas comunidades com ódio, nossas corporações com ganância, nossas igrejas, sinagogas e mesquitas com repulsa. Não há remédio ou descoberta científica que vá nos inocular dessas enfermidades sociais. E é por isso que a cura da Aids é uma questão de mudar sentimentos e de educar mentes.

Para acabar com a Aids, precisamos que países como Uganda mudem suas leis de forma que consigamos atingir os gays que necessitam de ajuda. Precisamos que a Igreja Católica pare de dizer a seus membros que camisinhas são pecaminosas, e até pior, que elas não funcionam. Precisamos que a indústria farmacêutica abra mão de parte de seus lucros em nome da humanidade. Precisamos que instituições de caridade continuem com o trabalho incrível que elas têm feito, marchando em frente com determinação e movendo as linhas de frente de nossa luta contra a Aids.

Mas essas instituições não são monólitos sem nome ou rosto. Elas começam com indivíduos e são guiadas por indivíduos. Se elas fazem o bem ou o mal, é uma escolha individual. E embora a doença seja maior que qualquer um de nós, a cura requer algo de cada um de nós.

Ela requer que conversemos com nossos parceiros, pratiquemos sexo seguro e façamos testes, e precisamos incentivar amigos e entes queridos a fazer o mesmo. Ela requer que defendamos aqueles que vivem com HIV/Aids e aqueles em maior risco de serem infectados. Ela requer que nos informemos sobre o que os governos e as organizações religiosas estão fazendo – ou não – em nossos nomes. Ela requer que acolhamos todos aqueles que precisam e merecem nossa compaixão.

Em outras palavras, acabar com a Aids requer amor, muito amor. E a melhor forma de gerar amor é promovendo o diálogo. Só podemos amar uns aos outros se entendermos uns aos outros. É por isso que escrevi este livro. E espero que vocês falem sobre o que leram aqui com outros. Quando a Aids é um assunto desconfortável e intocável, a doença se espalha. Mas quando a trazemos para primeiro plano, quando não temos medo de enfrentá-la, a informação se espalha. A compaixão se espalha. A cura se espalha.

Por favor, ajudem-me a espalhar a cura.

Acabar com essa doença não é mais uma questão de dinheiro. E não é mais uma questão de tecnologia. É uma questão de encontrar a vontade de fazer o que é necessário para salvar incontáveis vidas e vencer essa terrível pandemia. É uma questão de combater o estigma e a política, a intolerância e a indiferença. A questão não é se *podemos* fazer isso, ou se temos *condições* de fazer isso. A questão é se nos *importamos* o suficiente para fazer isso.

Ninguém é isento de culpa nessa terrível equação de apatia. Inclusive eu. Sou o primeiro a me levantar e dizer que não fiz o suficiente. Não me importei o suficiente. Mas eu mudei. Assim como todos podemos mudar. Nossas instituições também. Nossas comunidades também. Nossa sociedade global também. E acredito nisso com todas as minhas forças. Se eu não acreditasse, não teria escrito este livro. Se eu não acreditasse, simplesmente teria desistido. Mas não vou desistir, nunca desistirei, porque vi o poder da compaixão. Não vou desistir, porque acredito no amor.

Em 2009, David e eu visitamos um orfanato de crianças com Aids em Donetsk, na Ucrânia. Era uma cena familiar para mim, sinto dizer. Dezenas de crianças, talvez uma centena, muitas das quais eram HIV positivas, muitas das quais eram somente bebês e criancinhas, vivendo em condições análogas às de alojamentos e sendo cuidadas por uma equipe maravilhosa, mas com recursos terrivelmente insuficientes.

Um menino gravitou ao meu redor. Ele tinha dezoito meses de idade, e seu nome era Lev. Em um instante, ele roubou meu coração. Eu segurei Lev e me apaixonei. Sempre disse que era velho demais, egoísta demais, com manias demais para ter filhos, embora David quisesse que tivéssemos uma família algum dia. A verdade é que adoro crianças – David e eu somos padrinhos de várias. Mas com nossos horários malucos, comigo viajando em turnês constantemente, não parecia que algum dia fosse dar certo termos nossos próprios filhos.

Tudo isso mudou no momento em que olhei nos olhos de Lev. David e eu tentamos adotar Lev. Ficamos arrasados quando as leis draconianas da Ucrânia nos impediram de fazê-lo sem esperar vários anos, tempo durante o qual o Lev teria de permanecer no orfanato. Eu não poderia aguentar isso, então em vez disso Lev e seu irmão foram viver com a avó deles.

Foi então que David e eu decidimos ter um filho. Lev nos enviara uma mensagem que não podíamos ignorar. Nosso filho, Zachary, nasceu no dia de Natal em 2010.

Zachary é a luz das nossas vidas. Ele já me ensinou muito sobre a vida e muito sobre o amor. De uma maneira muito verdadeira, as histórias que contei aqui – as lições que elas me ensinaram – são como eu vim a ser abençoado por meu lindo filho.

Eu não teria tido Zachary se não fosse pelos estranhos que demonstraram tanto carinho e compaixão por mim nos momentos mais difíceis de minha vida. Eu não teria tido Zachary se não fosse pela minha amizade com Ryan White. Eu não teria tido Zachary se não fosse pela minha decisão, vinte anos atrás, de compensar Ryan e aqueles que decepcionei por meus vícios e indiferença. Eu não teria tido Zachary se não fosse pela criação da EJAF. Eu não teria tido Zachary se não fosse pela minha visita com David ao orfanato de crianças com Aids em Donetsk.

Eu não teria tido o Zachary se não fosse pelo amor.

Na verdade, tudo se resume a uma simples equação. Se você dá amor, você recebe amor de volta. Ainda que você não leve mais nada das histórias que contei aqui, por favor, decore essa lição. É a única coisa que importa. É por isso que precisamos de um movimento global pelo amor, e não somente quando diz respeito à Aids. Precisamos de amor para os pobres, precisamos de amor para os doentes, e precisamos de amor para aqueles que vemos como diferentes. Se o amor mover nossas ações, poderemos acabar com a Aids. Se o amor mover nossas ações, poderemos construir um mundo melhor.

Todos os dias observo o Zachary aprender um pouco mais sobre a vida. Tudo é diferente, tudo é novo para ele. Não existe ódio em seu coração, somente fascínio. Todos nós viemos para o mundo dessa maneira. Aprendemos nossas atitudes de outros. Nossas perspectivas são moldadas pela experiência. Zachary está aprendendo de David e de mim. Outras crianças estão aprendendo de suas famílias, de suas comunidades, do mundo em volta delas e de como são tratadas por ele. Podemos ensinar o amor com tanta facilidade quanto podemos ensinar o ódio.

Vamos ensinar a Zachary e à sua geração o poder do amor. Vamos fazer isso acabando com a Aids.

Agradecimentos

Em primeiro lugar, gostaria de agradecer a meu parceiro em tudo, inclusive neste livro, David Furnish. Como presidente da Elton John Aids Foundation, David tem um papel essencial no trabalho sobre o qual vocês leram aqui. A EJAF é nossa paixão conjunta, e eu não poderia ter escrito este livro sem seu amor, inspiração, orientação e significativo esforço.

Scott Campbell, o diretor-executivo da EJAF-EUA, e Anne Aslett, a diretora-executiva da EJAF-Reino Unido, são, juntamente com David, a razão pela qual minha fundação teve um impacto tão incrível nos últimos anos. Scott e Anne são mais do que conselheiros confiáveis e profissionais dedicados. Eles também são amigos muito queridos, e agradeço aos dois em nome da EJAF por tornarem este livro possível e pelo seu incansável trabalho.

Também gostaria de agradecer à equipe da EJAF em Londres e Nova York por conquistar continuamente resultados muito além de seu número reduzido. Sou grato a cada dia por suas inúmeras contribuições na luta contra a Aids. Eles são autores deste livro tanto quanto eu.

O enorme impacto da EJAF se deve não somente à sua dedicada liderança e equipe, mas também a seu incrível conselho de diretores, que abrangem muitos velhos amigos que são profunda e pessoalmente dedicados à nossa missão e ao nosso trabalho. A EJAF tem muita sorte de poder ter acesso a sua sabedoria, paixão e engenhosidade. Além disso, não poderíamos funcionar – na verdade não existiríamos – sem a extraordinária generosidade de nossos doadores e patrocinadores. Tantos apoiadores estiveram na jornada conosco e compartilharam de nossa visão por anos e anos. Eles sempre apareceram quando mais precisamos. Não é exagero dizer que a generosidade deles salvou e transformou inúmeras vidas.

Contei muitas histórias neste livro sobre pessoas do mundo inteiro – pessoas que vivem com Aids; pessoas nas linhas de frente da luta contra a epidemia; pessoas que estão lutando por suas vidas, pelas vidas de outros e por uma sociedade mais justa. Essas pessoas são heróis da vida real. São meus heróis. A luta e a resiliência delas me inspiraram profundamente. Escrevi este livro porque queria que o mundo conhecesse suas histórias, e agradeço a todas elas pela oportunidade de dividir algo de suas vidas – e, espero, melhorar as vidas de muitas outras fazendo isso.

Embora eu tenha me envolvido intimamente na luta contra a Aids por vinte anos, não sou nenhum especialista em história ou ciência da epidemia do HIV/Aids. É por isso que recorri ao trabalho de vários talentosos pesquisadores, jornalistas, acadêmicos e ativistas da causa da Aids, ao longo deste livro. Todos deveríamos ser gratos por eles terem dedicado seus esforços profissionais para ajudar o mundo a entender melhor essa doença e a espalhar informação que contribui tanto para combatê-la.

Fiquei extasiado quando Michael Pietsch decidiu apostar nesse projeto. Ele acreditou na mensagem do livro desde o primeiro instante, e sou grato pelos seus muitos *insights* e contribuições, bem como as de sua incrível equipe na Little, Brown.

Por fim, gostaria de agradecer a Ben Yarrow, um parceiro de longo prazo da EJAF em nossas comunicações estratégicas, por trabalhar comigo neste livro e me ajudar a torná-lo realidade. Ben e sua fantástica equipe no West Wing Writers – Ryan Clancy, David Heifetz, Dylan Loewe, Brittney Moraski e Sarada Peri – foram colaboradores maravilhosos, e sou muito grato por ter me beneficiado de seus muitos talentos.

Notas

CAPÍTULO 1: RYAN
1 Ryan White e Marie Cunningham, *Ryan White: My Own Story* (Nova York: Signet, 1992), 93, 134, 135.
2 Cory SerVaas, "The Happier Days for Ryan White", *Saturday Evening Post*, 1º de março de 1988.

CAPÍTULO 2: UMA DÉCADA DE PERDAS
1 Avert, "History of AIDS up to 1986", acessado em 23 de fevereiro de 2012, http://www.avert.org/Aids-history-86.htm
2 Lawrence K. Altman, "Rare Cancer Seen in 41 Homosexuals", *The New York Times*, 3 de julho de 1981, acessado em 14 de fevereiro de 2012, http://www.nytimes.com/1981/07/03/us/rare-cancer-seen-in-41-homosexuals.html
3 "Fear of AIDS Infects the Nation", *U.S. News & World Report*, 27 de junho de 1983.
4 Randy Shilts, *And the Band Played On: Politics, People, and the AIDS Epidemic*, ed. 20º aniversário (Nova York: St. Martin's Griffin, 1988), 299.
5 John G. Roberts e Deborah K. Owen, "Presidential Briefing Memo", *Frontline*, acessado em 23 de dezembro de 2011, http://www.pbs.org/wgbh/pages/frontline/Aids/docs/robertsmemo.html
6 Shilts, *And the Band*, 321.

7   Jack Friedman e David Van Biema, "Breaking America's Heart", *People* 28, n° 5 (1987), acessado em 15 de dezembro de 2011, http://www.people.com/people/archive/article/0,,20199548,00.html
8   Shilts, *And the Band*, 321.
9   Ibid., 352-53.
10 Ibid., 324.
11 Ibid., 295.
12 Donald P. Francis, "A Plea for More Funding", *Frontline*, acessado em 23 de dezembro de 2011, http://www.pbs.org/wgbh/pages/frontline/Aids/docs/francisplea.html; Shilts,
    And the Band, 273.
13 Shilts, *And the Band*, 191.
14 Ibid., 110.
15 Philip Boffey, "Reagan Defends Financing for AIDS", *The New York Times*, 18 de setembro de 1985, acessado em 23 de dezembro de 2011, http://www.nytimes.com/1985/09/18/us/reagan-defends-financing-for-Aids.html
16 Shilts, *And the Band*, 143.
17 Associated Press, "AIDS Gets Mixed Response from Clergy", *Ocala Star-Banner*,5 de outubro de 1985, acessado em 4 de janeiro de 2012, http://news.google.com/newspapers?nid = 1356&dat = 19851005&id = -35RAAAAIBAJ&sjid = UAYEAAAAIBAJ&pg = 2891,3418390.
18 Shilts, *And the Band*, 311.
19 Michael Hirsley, "Aids Education Effort May Have Backfired", *Chicago Tribune*, 10 de novembro de 1985, acessado em 4 de janeiro de 2012, http://articles.chicagotribune.com/1985-11-10/news/8503170436_1_Aids-victims-common-cup-blood-banks.
20 Abigail Trafford e Gordon Witkin, "The Politics of AIDS —
    A Tale of Two States", *U.S. News & World Report*, 18 de novembro de 1985.
21 Rock Hudson e Sara Davidson, *Rock Hudson: His Story* (Nova York: William Morrow, 1986), 158, acessado em 2 de março de 2012, http://www.amazon.com/dp/0688064728/ref = rdr_ext_tmb.
22 William F. Buckley, "Crucial Steps in Combating the Aids Epidemic; Identify All the Carriers", *The New York Times*, 18 de março de 1986, acessado em 23 de dezembro de 2011, http://www.nytimes.com/books/00/07/16/specials/buckley-Aids.html
23 Shilts, *And the Band*, 587.

24 Ronald Reagan, "President Reagan's amfAR Speech", *Frontline*, acessado em 23 de dezembro de 2011, http://www.pbs.org/wgbh/pages/frontline/Aids/docs/amfar.html.

CAPÍTULO 5: UMA CRISE DE INDIFERENÇA

1   Black AIDS Institute, *Deciding Moment: The State of AIDS in Black America*, 2011, acessado em 7 de dezembro de 2011, http://dl.dropbox.com/u/20533079/2011stateofAidsfullreport.pdf.
2   Jose A. Vargas, "An Overwhelmed D.C. Agency Loses Count of AIDS Cases", *Washington Post*, 30 de dezembro de 2006, acessado em 7 de dezembro de 2011, http://www.washingtonpost.com/wp-dyn/content/article/2006/12/29/AR2006122901543.html.
3   Jose A. Vargas e Darryl Fears, "At Least 3 Percent of D.C. Residents Have HIV or AIDS, City Study Finds; Rate up 22 Percent from 2006", *Washington Post*, 15 de março de 2009, acessado em 8 de dezembro de 2011, http://www.washingtonpost.com/wp-dyn/content/article/2009/03/14/AR2009031402176.html.
4   Debbie Cenziper, "Staggering Need, Striking Neglect", *Washington Post*, 19 de outubro de 2009, acessado em 8 de dezembro de 2011, http://www.washingtonpost.com/wp-dyn/content/article/2009/10/17/AR2009101701984.html.
5   Ibid.
6   Centers for Disease Control and Prevention, "HIV and AIDS Among Gay and Bisexual Men", acessado em 22 de março de 2012, http://www.cdc.gov/nchhstp/newsroom/docs/fastfacts-msm-final508comp.pdf.
7   Anne C. Spaulding, Ryan M. Seals, Matthew J. Page, Amanda K. Brzozowski e William Rhodes, "HIV/AIDS Among Inmates of and Releasees from U.S. Correctional Facilities, 2006: Declining Share of Epidemic but Persistent Public Health Opportunity", *PLoS One* (2009), acessado em 14 de fevereiro de 2012, http://www.plosone.org/article/info:doi/10.1371/journal.pone.0007558
8   "Remarks by Elizabeth Glaser: July 14 Madison Square Garden, New York City", *Washington Post*, 25 de agosto de 1992.

CAPÍTULO 6: CONFRONTANDO A REALIDADE

1   Rachel Jewkes, Yandisa Sikweyiya, Robert Morrell e Kristin Dunkle, "Understanding Men's Health and Use of Violence: Interface of Rape and HIV

in South Africa", South African Medical Research Council, acessado em 12 de fevereiro de 2012, http://www.mrc.ac.za/gender/violence_hiv.pdf.
2. Ibid.
3. Peacewomen, "South Africa: Rape Contributes to HIV/AIDS Spread Among SADC Women and Girls", acessado em 12 de fevereiro de 2012, http://www.peacewomen.org/news_article.php?id = 1538&type = news.
4. Médicos Sem Fronteiras, "Shattered Lives: Immediate Medical Care Vital for Sexual Violence Victims", acessado em 12 de fevereiro de 2012, http://www.doctorswithoutborders.org/publications/article_print.cfm?id = 3464.
5. David Smith, "Quarter of Men in South Africa Admit Rape, Survey Finds", *The Guardian*, 17 de junho de 2009, acessado em 12 de fevereiro de 2012, http://www.guardian.co.uk/world/2009/jun/17/south-africa-rape-survey.
6. Erving Goffman, *Stigma: Notes on the Management of Spoiled Identity* (Nova York: Simon & Schuster, 1963).
7. G. M. Herek, "Illness, Stigma, and AIDS", em *Psychological Aspects of Serious Illness* (Washington, DC: American Psychological Association, 1990), 103- 50, também disponível online como pré-impressão do capítulo, acessado em 24 de abril de 2012, http://psychology.ucdavis.edu/rainbow/html/AIDS_stigma_1990_pre.pdf
8. Ibid.
9. Ibid.
10. Eddie Bruce-Jones e Lucas P. Itaborahy, " State-Sponsored Homophobia: A World Survey of Laws Criminalising Same-Sex Sexual Acts Between Consenting Adults", International Lesbian and Gay Association, acessado em 12 de fevereiro de 2012, http://old.ilga.org/Statehomophobia/ILGA_State_Sponsored_Homophobia_2011.pdf
11. International Gay and Lesbian Human Rights Commission, "Uganda: Persecution of Lesbians and Gay Men Intensifies", acessado em 12 de fevereiro de 2012, http://www.iglhrc.org/cgi-bin/iowa/article/pressroom/pressrelease/517.html
12. Human Rights Watch, "Epidemic of Abuse: Police Harassment of HIV/AIDS Outreach Workers in India", acessado em 12 de fevereiro de 2012, http://www.unhcr.org/refworld/docid/3d4fc51f4.html
13. amfAR, "MSM and HIV/AIDS Risk in Asia: What Is Fueling the Epidemic Among MSM and How Can It Be Stopped?", acessado em 12 de fevereiro de 2012, http://www.amfar.org/uploadedFiles/In_the_Community/Publications/MSM%20and%20HIV%20AIDS%20Risk%20in%20Asia.pdf

14 Centers for Disease Control and Prevention, "HIV and AIDS Among Gay and Bisexual Men", acessado em 12 de fevereiro de 2012, http://www.cdc.gov/nchhstp/newsroom/docs/fastfacts-msm-final508comp.pdf
15 Steffanie A. Strathdee e David Vlahov, "The Effectiveness of Needle Exchange Programs: A Review of the Science and Policy", *AIDScience* 1, n° 16 (2001), acessado em 13 de fevereiro de 2012, http://Aidscience.org/Articles/Aidscience013.asp
16 AIDS Action, "Syringe Exchange and HIV/AIDS", acessado em 2 de março de 2012, http://www.Aidsaction.org/attachments/518_Syringe%20Exchange.pdf
17 *HIV Is Not a Crime*, 2011. Filme de Sean Strub, Editado por Leo Herrera/HomoChic, vídeo do YouTube, 8:12, postado por "SeanStrub," 30 de novembro de 2011, acessado em 24 de abril de 2012, http://www.youtube.com/watch?v=iB-6blJjbjc.
18 Madison Park, "As HIV Epidemic Grows, Florida City Grapples with Fear and Denial", CNN, 29 de novembro de 2011, acessado em 13 de fevereiro de 2012, http://www.cnn.com/ 2011/11/29/health/jacksonville- hiv- florida/index.html.

CAPÍTULO 7: O CERNE DA QUESTÃO
1 Evgeny Lebedev, "On the Streets with Ukraine's Lost Generation", *The Independent*, 1 de dezembro de 2011, acessado em 17 de dezembro de 2011, http://www.independent.co.uk/life-style/health-and-families/features/elton-john-on-the-streets-with-ukraines-lost-generation-6270102.html
2 Paul Smith, "Welcome to the Occupation", acessado em 22 de dezembro de 2011, http://www.welcometotheoccupation.com/2010/01/hr-carnival-to-aid-haiti-serovie.html.
3 IGLHRC/SEROvie, "The Impact of the Earthquake and Relief and Recovery Programs on Haitian LGBT People", acessado em 21 de dezembro de 2011, http://www.iglhrc.org/cgi-bin/iowa/article/publications/reportsandpublications/1369.html
4 Ibid.
5 Ibid.

CAPÍTULO 8: UM GRANDE PODER
1 Bill Frist, *A Heart to Serve: The Passion to Bring Health, Hope, and Healing* (Nova York: Center Street, 2009), acessado em 13 de fevereiro de 2012, http://

books.google.com/books?id = VRg1v0jSoWUC&lpg = PT182&vq = Aids&pg = PT 3#v = onepage&q = 1981&f = false.

2. Heather Timmons e Nikhila Gill, "India's Health Minister Calls Homosexuality 'Unnatural'", *The New York Times*, 5 de julho de 2011, acessado em 13 de fevereiro de 2012, http://www.nytimes.com/2011/07/06/world/asia/06india.html.

3. Sarah Boseley, "Mbeki Aids Denial 'Caused 300,000 Deaths'", *The Guardian*, 26 de novembro de 2008, acessado em 13 de fevereiro de 2012, http://www.guardian.co.uk/world/2008/nov/26/Aids-south-africa.

4. Pride Chigwedere, George R. Seage, Sofia Gruskin, Tun-Hou Lee e M. Essex, "Estimating the Lost Benefits of Antiretroviral Drug Use in South Africa", *JAIDS Journal of Acquired Immune Deficiency Syndromes* 49, nº. 4 (2008): 410-15, acessado em 13 de fevereiro de 2012, http://journals.lww.com/jAids/Fulltext/2008/12010/Estimating_the_Lost_Benefits_of_Antiretroviral.10.aspx

5. "SA's Zuma 'Showered to Avoid HIV' ", BBC News, 5 de abril de 2006, acessado em 13 de fevereiro de 2012, http://news.bbc.co.uk/2/hi/africa/4879822.stm

6. Bruce Japsen, "Budget Squeeze Could Make HIV Treatment Costlier, Rarer", *Chicago Tribune*, 9 de fevereiro de 2011, acessado em 23 de março de 2012, http://articles.chicagotribune.com/2011-02-09/business/ct-biz-0209-Aids-treatment-delays-20110209_1_hiv- drugs-Aids-patients-Aids-drug-assistance-program.

CAPÍTULO 9: UMA GRANDE RESPONSABILIDADE

1. Walt Bogdanich e Eric Koli, "2 Paths of Bayer Drug in '80s: Riskier One Steered Overseas", *The New York Times*, 22 de maio de 2003, acessado em 14 de fevereiro de 2012, http://www.nytimes.com/2003/05/22/business/2-paths-of-bayer-drug-in-80-s-riskier-one-steered-overseas.html?pagewanted = all&src = pm

2. Jim Edwards, "Bayer Admits It Paid 'Millions' in HIV Infection Cases — Just Not in English", CBS News, 28 de janeiro de 2011, acessado em 23 de março de 2012, http://www.cbsnews.com/ 8301- 505123_162-42847237/bayer-admits-it-paid-millions-in-hiv-infection-cases----just- not-in-english/

3. Jonathan Rauch, "'This Is Not Charity'", *The Atlantic*, outubro de 2007, acessado em 14 de fevereiro de 2012, http://www.theatlantic.com/magazine/archive/2007/10/-ldquo-this-is-not-charity-rdquo/6197/

4. Ibid.

5   Celia W. Dugger, "Clinton Foundation Announces a Bargain on Generic AIDS Drugs", *The New York Times*, 9 de maio de 2007, acessado em 14 de fevereiro de 2012, http://www.nytimes.com/2007/05/09/world/09Aidsdrugs.html
6   "Pope Benedict on the Use of Condoms: Book Excerpt", BBC News, 20 de novembro de 2010, acessado em 14 de fevereiro de 2012, http://www.bbc.co.uk/news/world-europe-11804798
7   Ibid.
8   Vaticano, "Encyclical Letter Humanae Vitae", acessado em 14 de fevereiro de 2012, http://www.vatican.va/holy_father/paul_vi/encyclicals/documents/hf_p-vi_enc_25071968_humanae-vitae_en.html
9   Jonathan Clayton, "Condom Ban by John Paul Only Escalated Crisis", *The Australian*, 19 de março de 2009.
10 "Vatican: Condoms Don't Stop Aids", *The Guardian*, 9 de outubro de 2003, acessado em 14 de fevereiro de 2012, http://www.guardian.co.uk/world/2003/oct/09/Aids.
11 Riazat Butt, "Pope Claims Condoms Could Make African Aids Crisis Worse", *The Guardian*, 17 de março de 2009, acessado em 14 de fevereiro de 2012, http://www.guardian.co.uk/world/2009/mar/17/pope-africa-condoms-Aids
12 Nicholas D. Kristof, "The Pope and AIDS", *The New York Times*, 8 de maio, 2005, acessado em 14 de fevereiro de 2012, http://www.nytimes.com/2005/05/08/opinion/08kristof.html.
13 Ibid.

CAPÍTULO 10: ACABANDO COM A AIDS PARA SEMPRE
1   Joint United Nations Programme on HIV/AIDS, "A New Investment Framework for the Global HIV Response", acessado em 15 de março de 2012, http://www.unaids.org/en/media/unaids/contentassets/documents/unaidspublication/2011/JC2244_InvestmentFramework_en.pdf.
2   UNAIDS, "World AIDS Day Report 2011", acessado em 23 de março de 2012, http://www.unaids.org/en/media/unaids/contentassets/documents/unaidspublication/2011/JC2216_WorldAIDSday_report_2011_en.pdf.
3   Jennifer Kates, Adam Wexler, Eric Lief, Carlos Avila, e Benjamin Gobet, "Financing the Response to AIDS in Low and Middle-Income Countries: International Assistance from Donor Governments in 2010", UNAIDS e Kaiser Family Foundation, acessado em 18 de abril de 2012, http://www.kff.org/hivaids/upload/7347-07.pdf.

Índice remissivo

Aaron Diamond Aids Research Center (Nova York), 181
ADAP (Aids Drug Assistance Program), 171-72
Afeganistão, guerra no, 162
África do Sul:
  Conferência Internacional de Aids na (2000), 169
  Conselho de Pesquisa Médica, 101-2
  HIV/Aids na, 90-91, 120-21; casa de repouso para pacientes de Aids em Soweto, 151-53;
  posição do governo sobre, 168-70;
  preços de medicamentos, 184-85;
  crise de estupro, 101-6, 119-20
África:
  Bento XVI, declaração do papa, 191
  epidemia de Aids na, 33, 81-2, 155-57
  falta de informação e tratamento, 120, 155-57
  preços de medicamentos, 184-85
  programas financiados, 81-2, 155-57
  Ver também África do Sul
  Washington, DC, em comparação com, 88
Aids (Síndrome da Imunodeficiência Adquirida) e HIV/Aids:
  arrecadação de fundos para pesquisa e tratamento, 19-30, 67-71; festa anual do Oscar, 84-5; no exterior, 51, (Fundo Nacional Especial) 82; governo dos EUA, 44, 92-3, 96, (Lei Ryan White CARE) 29-30; fundos mundiais disponíveis, 204-7 (*ver também* amfAR; Congresso americano; EJAF)
  como "doença 4H", 36
  como epidemia/pandemia, 9, 29, 30, 81, 88-98, 112-20-, 161-62, 203; relatada pela primeira vez pelo CDC, 35, 37, 38; nos EUA, *ver* Estados Unidos; piorada pelo estigma, *ver* estigma associado à, *abaixo*
  criminalizada, 38-9
  denominação, 36-7
  desinformação sobre e temores do público, 11-9, 23, 32-9, 51-2, 119-20; teste obrigatório, 46-7; temores da comunidade médica, 107-8, 149-50 (*ver também* estigma associado à, *abaixo*)
  entre populações marginalizadas, 87-8, 133-34, 142-43, 193-94, 263, indiferença social a, 73-5, 88-92, 166

(na Tailândia) 115 (*ver também* comunidade negra; crianças; homossexuais; usuários de drogas injetáveis; população de presidiários e ex-presidiários; profissionais do sexo; mulheres)
estigma associado à: epidemia piorada pelo, 115-16, 119-21, 124-26; atitude do governo em relação ao, 168-69; na Índia, 113-15, 165-66; nos EUA, 12-3, 42, 69, 95, 106-11, 137, 141; (esforços de combate) 149, 188, (criminalização do HIV) 117-20, (aumento no índice de HIV como resultado do) 119-20
HIV (vírus da imunodeficiência humana) como causa, 10 (*ver também* HIV)
indiferença do governo (EUA) em relação à, 38-42, 47-8, 71-2, 117-18
medicamentos para: "coquetel da Aids", 180-81; antirretrovirais, 157, 179-80, 186, (AZT) 47-9, 95; disponibilidade de, 134-35, 187, 202-3, (programa de assistência e lista de espera da Flórida)170-73, (o mundo todo) 157; drogas que bloqueiam a transmissão, 179-80; experimentais, 44-5; preços, 127-28, 155-56, 179-85, (queda no preço) 188, 197
negacionistas da Aids, 1-69
transmissão de, 180-81; bloqueio por drogas, 179-80; informações falsa sobre, 11-2, 37-9, 117-18 (*ver também* HIV)
tratamento experimental da, 44-5
Aids Crisis Trust (Reino Unido), 79-80
Aids Drug Assistance Program (ADAP), 170-73
Aids Walk Atlanta, 68
All Ukrainian Network of People Living with HIV/Aids. *Ver* AUKN
Altman, Lawrence, 35-6

amfAR (Fundação Americana para a Pesquisa da Aids), 34, 114, 128-30
pesquisa financiada pela, 51-2; investimento em pesquisa, 71-2, 179-80, 180-81
Amsterdã, programa de troca de agulhas em, 116-17
And the Band Played On (Shilts), 39-40
Apple, Inc., 204-5
Argentina, 177-78
Ásia:
Aids como sentença de morte na, 32-3
programas de arrecadação de fundos na, 81-2
Aslett, Anne, 80-1, 128-29
Associação de Diretores Funerários (Nova York), 38
Atlanta, Georgia:
Aids em, 78
Aids Walk, 68
Grady Hospital, 107-8
Grady Ponce De Leon HIV Center, 69-71
Projeto Open Hand, 68-70
AUKN (All Ukrainian Network of People Living with HIV/Aids), 126-29, 167-68
AZT (antirretroviral), tratamento com, 47-9, 95. *Ver também* medicamentos

Babylon, Guy, 31
Bahamas, preço de medicamentos nas, 182-83
Bailey House (casa de recuperação, East Harlem), 139-42
Banco Mundial, 203-4
Bangladesh, Aidsem, 120-21
Banks, Virginia, 72-6
Barbis, Eddi, 76-7
Barbis, Johnny, 76-7
Bayer, e fator VIII, 175-78
Beatty, Warren, 161
Bennie and the Jets (música), 160
Bento XVI (papa), 188-92
Bergius, Johnny, 80
Bernstein, Dr. Robert, 43

Black Aids Institute, 187. *Ver também* comunidade negra
Bowie, David, 48-9
Brandt, Dr. Edward, 39-40
Bretanha. *Ver* Reino Unido
Brooks, Garth, 26
Browne, Jackson, 26
Buchanan, Pat, 42-3
Buckley, William F., 46-7
Burns, Michele, 76-7
Bush, Barbara, 27-8
Bush, George H. W., 96-7
Bush, George W., 153-62, 175
Bush, Kate, 56
Bush, Laura, 160

Campbell, Scott, 130-33
Candle in the Wind (música), 26
CARE, Lei. *Ver* Lei Emergencial Ryan White de Recursos Abrangentes para a Aids (CARE)
Caribe, 156-57
  Aids como sentença de morte no, 32-3
  preços de medicamentos, 184-85
  programas para Aids financiados, 81-2
  Ver também Haiti
Caribou (álbum), 53-4
Carl (presidiário solto), 138-42. *Ver também* população de presidiários e ex-presidiários
Carter, Neil, 32
CDC (Centros para Controle e Prevenção de Doenças), 13-4, 41, 89-90
  denominação do termo Aids, 36-7
  epidemia de Aids relatada pela primeira vez pelo, 34-5, 37-8; alertas sobre o HIV, 170-81
  epidemia definida pelo, 87-8
  números sobre HIV/Aids fornecidos pelo, 40, 90-92, 115-16
Centro para Doenças Infecciosas, 40
Charity Navigator (organização), 196-97
Cheney, Dick, 160-61
Chicago Tribune, 170-71
Chimbalanga, Tiwonge, 111-13

Choucino, Dr. Carlos, 135
Cicero, Indiana, 22-4
Cidade do Cabo, África do Sul, 103-4
circuncisão, 201-2
Clinton, Bill, 148-49, 156-57; William J. Clinton Foundation, 127-28, 182-85, 193-94
Clinton, Hillary, 148-50
Comissão McCarthy, 146-47
Comissão presidencial para a Aids, 29-30
companhias farmacêuticas, 95, 178-85, 186, 206-7
  e fator VIII, 11-2, 175-79
  medicamentos genéricos, 184-86
  Walgreens, 187
Comprehensive Care Clinic (Lake Charles, Louisiana), 135
comunidade negra, 89, 91, 116, 134-35
Conferência dos Prefeitos dos EUA, 39-40
Conferência Internacional da Aids:
  África do Sul (2000), 168-69
  Tailândia (2004), 115
Congo, 88-9
Congresso americano:
  discurso do Estado da União (2003), 155-57
  e financiamento para pesquisa sobre a Aids, 29-30, 39-40, 46, 50-1, 152-54; pedido de Bush para, 156-57; aprova lei CARE, 29-30, 147-48, 151-52; pesquisa pediátrica, 95, 97
  e programa de troca de agulhas, 116-18
  Ver também Senado americano
Convenção Nacional Democrata (1992), 96-8
Convenção Nacional Republicana (1984), 43
crianças:
  com Aids, 36-7, 97-9, 126-27, 154-5, 169-70; pesquisa pediátrica, 50-1, 95-7
  HIV positivas, 95-7, 127-8, 157; (em orfanato ucraniano) 208-9
  nascidas sem Aids, 157
  órfãs por conta da Aids, 156-57

Riley Hospital (Indianápolis), 26
vítimas de abuso sexual, 101-2; ajuda
  para, 103-105
Crocodile Rock (música), 160
Cruz Vermelha Americana e Haitiana, 131-32
Cruz Vermelha Americana, 131-32
Cutter Laboratories, 177-78

Daniel (música), 26, 160
Davis, Ossie, 161
Day, Doris, 46
Dee, Ruby, 161
Departamento de Estado Americano,
  156-57, 159
Diana, Princesa de Gales, 31, 51-3, 82-5
Dimmick, Steven, 170-72
Disneylândia, 20-1
distribuição de camisinhas:
  camisinhas femininas disponíveis, 187
  necessidade de, 200-1; cirurgião-geral
    dos EUA recomenda, 46-47
  posição da Igreja Católica a respeito,
    188-92, 206-7
  Tailândia, na, 114-15
Dodd, Chris, 153-54
Don't Give Up (música), 56
Donahue, Phil, 27-28
Donetsk, Ucrânia, 124-25
  orfanato em, 208-10
  Ver também Ucrânia
Dortzbach, Deborah, 148-49
drogas. *Ver* medicamentos

Earl, Robert, 75-77
educação sexual, criminalização da,
  113-14, 200-1
EJAF (Elton John Aids Foundation), 79-83,
  87-88, 128-29, 145-46, 157, 161-62,
  195-96
  criação da, 70-3
  e comunidade negra, 134
  filosofia de operação da, 194-97
  financiamento pela, 79-84, 87-8, 89-90,
    142, 193-94; contribuição corporativa
    para, 187-88

membros da diretoria, 59, 75-78, 80-83,
  106-7
na África do Sul, 102-4, 106
na Ucrânia, 124, 125-29, 166-68
no Haiti, 130-3
no Maláui, 111-12
EJAF-Reino Unido. *Ver* EJAF (Elton John
  Aids Foundation)
El Salvador, Igreja Católica em, 190-91
Elizabeth Glaser Pediatric Aids
  Foundation, 95-97
Elton John Aids Foundation. *Ver* EJAF
Empty Sky (álbum), 26-7
epidemia de cólera (Nova York, 1832),
  110-11
epidemia, definição de, 98-8
Estados Unidos:
  e destino e futuro da Aids, 34-5, 152-54,
    175; financiamento do governo, 92-3,
    157 (*ver também* Congresso
    americano); assistência internacional,
    205-7; pesquisa, 44, 46, 71-2, 180-81;
    pesquisa bloqueada, 110-11
  e fator VIII contaminado, 11-2, 175-78
  e programas de trocas de agulhas,
    116-18
  epidemia de Aids nos, 87-93, 133-34;
    criminalização da Aids, 38-9; Aids
    como sentença de morte, 32-3,
    199-201; epicentros da, 78;
    indiferença do governo a, 38-42, 47-8,
    71-2, 117-18; audiências do Senado
    sobre, 145-54; estigma em torno da,
    ver Aids (Síndrome da
    Imunodeficiência Adquirida) e HIV/
    Aids; lista de espera para medicação,
    170-73 (*ver também* Nova York;
    Washington, DC)
  homossexualidade estigmatizada nos,
    115-16 (*ver também* homossexuais)
  população carcerária nos, 138-39, 142
Estes, Terry, 135
estupro:
  crise de estupro (África do Sul), 101-6,
    119-20

de gays, 133
Europa, programas de arrecadação de fundos na, 81-2. *Ver também* França; Reino Unido

Falwell, Jerry, 18, 42-44
Farm Aid IV (show), 26
Farmer, Dr. Frank, 171-73
Farthing, Dr. Charles, 78
fator VIII, 10-12, 175-78
FDA (U.S. Food and Drug Administration), 44, 47-48, 95
Florida:
  Aids e a Northeast Florida Aids Network na, 119-20; programa ADAP, 170-73
  Departmento de Saúde, 172-73
Fonda, Jane, 77
Fondation SEROvie, 129-34
Ford Foundation, 78
França:
  pesquisa em Aids pela, 44, 161-62, 180-81
  programa de Aids (Unitaid) na, 162
Francis, Dr. Don, 40
Frist, Dr. Bill, 149-50
Fumana (vítima de estupro sul-africana), 104-6
Fundação Americana para a Pesquisa da Aids. *Ver* amfAR
Fundo Global de Luta contra Aids, Tuberculose e Malária, 127-28, 204
Fundo Nacional Especial (EJAF-Reino Unido na África), 81-2
Furnish-John, Zachary, 209-10
Furnish, David, 82-85, 112-13, 158-62, 171-72, 208-10

Gabriel, Peter, 56
Gates Foundation, 203-4
gays. *Ver* homossexuais
General Motors (GM), 186-87
Glaser, Ariel, 94-8
Glaser, Elizabeth, 50-1, 53, 94-9
Glaser, Jake, 95-6, 98
Glaser, Paul Michael, 94-6

Goldberg, Whoopi, 77
Good Morning America (programa de TV), 19
Grady Hospital (Atlanta),106-8
Grady Ponce De Leon HIV Center (Atlanta), 69-71
Greater Than Aids, iniciativa, 187-88
GRID (Imunodeficiência Relacionada a Gays), 36-7
Guardian, The (jornal britânico), 112, 190-91
Guns N' Roses (grupo de rock), 26

Hahn, Jessica, 24
Haiti:
  Cruz Vermelha Haitiana, 131-32
  epidemia de Aids e trabalho da Fondation SEROvie no, 128-34
  população haitiana nos EUA, 32-3, 36-7
  terremoto no, 129-33
Hard Rock Cafe e Hard Rock Cafe International, 76-7
Hatch, Orrin, 148-49
Health and Human Services (HHS), 39-40
Heckler, Margaret, 39-40
Helms, Jesse, 18, 110-11
hemofilia, 12-3, 18, 36-7
  HIV contraído durante tratamento para, 10-11; fator VIII, 11-2, 175-78
hepatite B, programa de troca de agulhas e, 116-17
HIPS (Helping Individual Prostitutes Survive), organização, 193-94
HIV (vírus da imunodeficiência humana):
  como causa da Aids, 10
  criminalização do, 117-20
  identificado pela primeira vez, 11-2, 180-81
  infiltra-se no DNA, 93
  medicação preventiva, 103-5
  testado pela primeira vez, 44-46
  transmissão do, 180-81; por transfusão de sangue, 44-5, 94-5, (durante tratamento de hemofilia) 10-2, 36-7, (fator VIII) 11-2, 175-78; informações

falsas sobre, 117-19; por compartilhamento de seringas, 115-16; por estupro, 119-20 tratamento bem-sucedido de, 199-201; importância da continuidade, 201-2
HIV Is Not a Crime (curta-metragem), 117-19
HIV/Aids. *Ver* Aids (Síndrome da Imunodeficiência Adquirida) e HIV/Aids
Ho, David, 180-81
homossexuais:
  aceitação da Casa Branca, 159-60
  criminalização do sexo gay e da educação sobre sexo gay, 113-14, 118-20, 164-65; em Uganda, 113, 120-21, 206-7
  estigmatização de gays/LGBTs, 42, 114-16, 124, 128-33
  índice crescente de infecções, 91-92, 115-16, 166; risco de, 114
  indiferença às necessidades dos, 73-74
  mensagens de ódio e violência contra, 18, 38-9, 42-4, 132-33; financiamento proibido, 110-12; processados pelo governo, 112, 164-65; tatuagens sugeridas, 46-47
  primeiros surtos de Aids entre, 34-37; Rock Hudson, 44-46, 50-51
Hong Kong, 176-78
Hudson, Rock, 44-6, 50-1
Hursey, Angela, 135-137

I'm Still Standing (música), 26
Igreja Católica, 188-93, 206-7
Igreja Metodista (da família White), 16-18
Imunodeficiência Relacionada a Gays (GRID), 36-7
Índia:
  conferência HIV/Aids na (2011), 165
  estigma da Aids na, 113-14, 164-65
  preços de medicamentos, 184-85
Indiana State Board of Health, 13
Indiana, Departamento de Educação de, 13-5

indústria farmacêutica. *Ver* companhias farmacêuticas
Institutos Nacionais de Saúde (EUA), 116, 180-81
International Aids Trust, 147-48
Iraque, guerra no, 154-55, 162, 206-207

Jackson, Michael, 24-5, 27-8
Jacksonville, Florida, 119-20, 170-71
Jagger, Mick, 48-9
Japão, produtos contaminados enviados para o, 176-77
João Paulo II (papa),189-91
Joel, Billy, 161
Johnson, Magic, 32
Journal of the American Medical Association, 37-8

Kaiser Family Foundation, 187, 205-6
Kennedy Center Honors,158-61
Kennedy Center Opera House, 160
Kennedy, Bobby, 147-48
Kennedy, John F., 147-48
Kennedy, Ted, 145-54
Key, Robert, 80-2, 84-5
Khayelitsha, África do Sul, 103-5
Kid Rock, 161
Kiev-Pechersk Lavra (Mosteiro das Cavernas), 126, 166-67
Kiev. *Ver* Ucrânia
King, Billie Jean, 76-7
Kloss, Ilana, 76-7
Knight, Gladys, 34
Kokomo, Indiana, 10-11, 22-3, 27-8, 69
Koop, C. Everett,46-8
Kramer, Larry, 50-1, 52-3
Krim, Dr. Mathilde, 51-3
Kristof, Nicholas, 191-92

Laguerre, Steeve, 129-30, 132
Lajeski, Glen, 76-7
Lake Charles, Louisiana, 135
Lavra, Clínica. *Ver* Ucrânia
Leahy, Patrick, 148-49
legionários, doença dos, 40

Lengemy (vítima de terremoto haitiana), 132
Lev (bebê no orfanato da Ucrânia), 208-10
Levitt, Art, 76-7
LGBT, comunidade, 129, 131, 133. Ver também homossexuais
Light, Judith, 24, 27-8
Littman, Marguerite, 79-80
Locke, James, 79-80
Long, Howie, 24, 27-8
Loretta (paciente de HIV), 134-37
Los Angeles, Califórnia, Aids em, 78
Louisiana:
  epidemia de Aids em, 133-37; clínicas lidando com, 135-37
  lei de quarentena, 38-39

Maláui, Aids no, 111-12
Manoukian, Rafi, 80-81
Mbeki, Thabo, 168-70
McMullen, Sarah, 72, 75-6
medicamentos PEP (profilaxia pós-exposição), 102-5
medicamentos:
  "coquetel da Aids", 180-81
  antirretrovirais, 157, 179-80, 186, (AZT) 47-9, 95
  bloqueio de transmissão por drogas, 179-80
  disponibilidade de, 134-35, 187, 202-3, (programa de assistência e lista de espera na Flórida) 170-73, (acesso mundial) 157
  experimental, 44-5
  preço de, 127-28, 155-56, 180-85; queda do preço, 185, 193-94
  prevenindo o HIV, 102-5
  Ver também companhias farmacêuticas
medicina holística, 143
Médicos Sem Fronteiras, 102, 104, 112
Mellencamp, John, 26
Mercury, Freddie, 48-49
Monique (processada por ter HIV), 118-20
Monjeza, Steven, 111-13
Moral Majority, 42-3

Mugyenyi, Dr. Peter, 148-49
mulheres:
  auxílio distribuído para, 131-32
  camisinhas para, 187
  grávidas, 157
  infecção pelo HIV/índice de mortalidade pela Aids, 88-9, 91-2, 134
  profissionais do sexo, 114, 120-21
  vítimas de estupro, 101, (cuidado para sobreviventes) 103-6, 137, 148-49, 157-58, (medo de denúncia) 102-3, 119-20
Mutharika, Bingu wa, 112

National Community AIDS Partnership, 78-81, 195-96
National Enquirer, 96-7
Nelson, Willie, 26
New York State Parole Board, 142
New York Times, 35-6, 175-78, 191-92
Nigéria, Aids na, 88-9
Nixon, Richard, 43
Northeast Florida Aids Network, 119-20
Nova York:
  crise de Aids na, 41, 78, 141
  epidemia de cólera na (1832), 110-11
  programa de assistência a locação, 139-40

Odessa, Ucrânia, 124-25. Ver também Ucrânia
Olin, Chris, 139-42
Organização Mundial de Saúde, 203-4
Oscar, festa para arrecadação de fundos, 84

Paige, Renee, 89-91
Parkside Lutheran Hospital (Chicago), 62
Paulo VI (papa), 189-90
pediatria. Ver crianças
People (revista), 18
PEPFAR (Plano de Emergência do Presidente para o Combate à Aids), 155-58, 161, 162, 175, 203-6

Planet Hollywood, 75-7
Plano de Emergência do Presidente para o Combate à Aids. *Ver* PEPFAR
pneumonia, 10-3, 34-5
doença dos legionários, 40
políticas públicas para a Aids, Casa Branca, 147-48
população de presidiários e ex-presidiários, 92, 118-19, 138-42
populações marginalizadas, 88, 134, 142-43, 193-94, 200-201
indiferença social a, 74-5, 88-92, 166;
na Tailândia, 115
Ver também comunidade negra; crianças; homossexuais; usuários de drogas injetáveis; presidiários e ex-presidiários; profissionais do sexo; mulheres
Porto Príncipe, Haiti, 129-33. *Ver também* Haiti
Powell, Colin, 159, 161
Presland, Frank, 80-81
profissionais do sexo, 124-25, 201-2
ajuda governamental e privada para, 114, 193-94
estigmatizados, 120-1; necessidades ignoradas, 73-4, 157
programas de troca de agulhas, 115-18, 120-21, 200-201
Projeto FIRST (Formerly Incarcerated Rental Support and Training), 139-41
Projeto Open Hand (Atlanta), 68-70
prostitutas. *Ver* profissionais do sexo
Public Citizen Health Research Group, 176-77

Queen (banda de rock), 48-9
Quênia, clínicas no, 105-6

Reagan, Nancy, 46, 95-6
Reagan, Ronald, 46, 51-2, 95-7
mal-informados, 37-8
Reagan, administração, 29-30, 38-43, 46-8
Rei Leão, O (filme), 28-9

Reino Unido:
Aids Crisis Trust no, 79-80
ala de hospital para Aids inaugurada no, 51-2
EJAF no, *ver* EJAF (Elton John Aids Foundation)
informação sobre Aids distribuída no, 47-8
Rhoades, Nick, 118-19
Rice, Condoleezza, 161
Riley, Hospital Infantil (Indianápolis), 25
Ritts, Herb, 77
Roberts, Justice John, 37-8
Rose, Howard, 76-7
Rosenfield, Dr. Allan, 148-49
Rumsfeld, Donald, 161
Ryan White Comprehensive Aids Resources Emergency (CARE), Lei, 29-30, 136, 147-48, 151-52

Saleeby, Eli, 78, 106-8, 199-200
San Francisco, Califórnia, Aids em, 38-9, 41
sarcoma de Kaposi, 34-6, 48-9
Saturday Evening Post, 17-8
Scott, John, 68-70, 72-7, 84-5, 106-8, 196-97
Scott, Rick, 171-73
Seattle, Washington, violência em, 38-9
Seewald, Peter, 188-89
Segar, Barron, 59, 76-7
Senado americano:
Comitê do Senado para Saúde, Educação, Trabalho e Pensões, 145-46
financia pesquisa sobre Aids, 46
testemunho perante, 145-46, 150-54, 162, 178-79; reuniões preliminares, 145-50
Ver também Congresso americano.
SEROvie (Haiti), 128-34
Shilts, Randy, 39-40
sífilis, estigma contra, 109-11
Simelela (centro de cuidados a vítimas de estupro, África do Sul), 103-6
Skyline Pigeon (música), 26-8

SLAC (Southwest Louisiana Aids Council), 135-37
Smash Hits (evento beneficente de tênis), 76-7
Starsky and Hutch (programa de TV), 94
Stewart, Jill, 24
Strub, Sean, 118-19
Sunday Mirror (tabloide britânico), 83-4
Sutherland, Joan, 161

Tailândia:
    Conferência Internacional da Aids na (2004), 115
    epidemia de Aids na, 114-16
    evento beneficente na, 50-1
    Ministério da Saúde Pública, 114
    preços de medicamentos, 184-85
Taiwan, 177-78
Taupin, Bernie, 26-7
Taylor, Elizabeth, 50-3, 72-3, 83-5
    organiza show beneficente, 70-3
Teller, Al, 76-7
That's What Friends Are For (música), 34
Thurman, Sandy, 147-49, 151-52
transfusões de sangue, 10-2, 36-7, 44-5, 94-5
Tuke, Henry Scott, 49-50
Tulsa, Oklahoma, 78
Turner, Ted, 77
Tylenol, crise, 40

U.S. News & World Report, 36-7
Ucrânia:
    AUKN (All Ukrainian Network of People Living with HIV/Aids) na, 126-29, 167-68
    Clínica Lavra na, 125-27 (ameaça de fechamento) 166-68; show em 2007, 128-29
    EJAF na, 124-29, 166-68
    epidemia de HIV/Aids na, 124-29
    Kiev: uso de drogas injetáveis em, 124-25;
    Ministério da Saúde, 127-28
    orfanato para crianças com Aids em Donetsk, 208-10

Uganda, 88-89
    homofobia em, 113, 120-21; necessidade de mudança nas leis, 206-7
    clínicas de Aids em, 105-6, 148-49
Unaids (Joint United Nations Programme on HIV/Aids), 87-8, 203-4
Unitaid (programa francês), 162
Universidade de Columbia, Mailman School of Public Health, 148-49
uso de drogas. *Ver* usuários de drogas injetáveis
usuários de drogas injetáveis:
    criminalização de, 119-20
    em risco, 36-7, 201-2; índice de infecção por HIV/Aids, 91-2, 114, 116
    indiferença às necessidades dos, 73-4, 166
    na Ucrânia, 124-25
    Ver também programas de troca de agulhas

Van Ness, Paula, 78-9
Versace, Gianni, 31

Walgreens, farmácias, 187. *Ver também* companhias farmacêuticas
Warwick, Dionne, 34
Washington Post, 88-91
Washington, DC:
    epidemia de Aids em, 87-92, 94
    HIPS, organização, 194
    políticas e programas relacionados ao HIV, 89-90
Waxman, Henry, 41-2
Welch, Louie, 43
White, Andrea, 10-4-, 21-3, 24-5, 68
White, Jeanne, 10-30, 68
White, Ryan, 48-9, 85, 137
    influência e legado, 23-25, 58, 61, 63-8, 175, 209-10; mensagem para pesquisadores, 55
    atenção nacional a, 18-20, 23-24, 26
    e "a lei de Ryan" (lei CARE), 29-30, 136, 147-48, 151-52
    depõe perante a Comissão Presidencial para a Aids, 29-30

banido pela comunidade, 12-9, 22,
    27-8, 68-9
atitude de, 21, 81-2
morte e funeral, 22, 26-31, 53-56
hemofilia, 10-13, 18, 36-7; tratamento
    de, 10-11, (Fator VIII) 11-2, 175-76,
    177-78
William J. Clinton Foundation, 127-28,
    182-85, 191-92

Williams, Hugh, 58-64, 68
Williams, John, 161
Wolfe, Dr. Sidney M., 176-77
Wonder, Stevie, 34
World Relief, programas da, 148-49

Young, Neil, 26

Zuma, Jacob, 101-3, 169-70

Sobre o autor

A monumental carreira do cantor e compositor *Sir* Elton John abarca mais de cinco décadas. Ele é um dos artistas solo que mais venderam em todos os tempos, com 35 discos de ouro e 25 de platina, 29 hits consecutivos nos Top 40, e já tendo vendido mais de 250 milhões de álbuns em todo o mundo. Elton é detentor do recorde de *single* mais vendido de todos os tempos, "Candle in the Wind", com 37 milhões de cópias. A National Academy of Recording Arts and Sciences concedeu a Elton cinco Grammys e o Grammy Legend Award, além de tê-lo homenageado com o MusiCares Person of the Year Award. Elton entrou para o Rock and Roll Hall of Fame em 1994. Além disso, ele foi o primeiro artista homenageado pela Billboard Touring Conference com seu Legend of Live Award, que reconhece aqueles no setor de shows que tiveram um impacto significativo e duradouro sobre a indústria. Ele continua a fazer turnês pelo mundo todo. Elton recebeu uma faixa comemorativa durante sua sexagésima performance no Madison Square Garden por "Maior Número de Performances por um Artista Solo" no lendário local. Ele entrou para o Madison Square Garden Music Hall of Fame no mesmo dia de seu sexagésimo aniversário. Em setembro de 2011 Elton começou uma temporada de três anos no Coliseu do Caesars Palace em Las Vegas com um novíssimo show, *The Million Dollar Piano*.

Seu álbum com Leon Russell, *The Union*, produzido por T. Bone Burnett, foi lançado em outubro de 2010 com ótimas críticas. O primeiro single foi indicado para um Grammy de Melhor Colaboração Pop com Vocais. Em abril de 2011, o Tribeca Film Festival abriu com a estreia mundial do documentário de Cameron Crowe *The Union*, que registrou o processo de composição e gravação do álbum de Elton John e Leon Russell.

O megassucesso do musical baseado no filme *Billy Elliot*, para o qual Elton compôs a trilha sonora, estreou originalmente em Londres e lhe rendeu uma posição no Top 5 do Reino Unido com a música "Electricity". *Billy Elliot* foi indicado para o Olivier Awards pelo número recorde de nove vezes, vencendo o de Melhor Musical entre outros. Sua estreia em 13 de novembro de 2008 foi aclamada pela crítica. Recebeu o recorde de nomeações para o Tony Awards, com quinze indicações, e ganhou dez, inclusive o de Melhor Musical. Em março de 2011 *Billy Elliot* estreou em Toronto com ótimas resenhas.

Elton recebeu um Oscar por *O Rei Leão* e um Tony Awards por *Rei Leão* e *Aida*. Ele foi produtor executivo do grande sucesso de animação *Gnomeu & Julieta*, que estreou em fevereiro de 2011.

Em 1992, Elton criou a Elton John Aids Foundation (EJAF), que hoje é uma das maiores organizações sem fins lucrativos voltadas para o HIV/Aids. A EJAF arrecadou até hoje 275 milhões de dólares para apoiar centenas de programas de prevenção e atendimento a pacientes com HIV/Aids em 55 países em todo o mundo. Em 1998, ele recebeu o título de cavaleiro da rainha da Inglaterra, tornando-se *Sir* Elton John, CBE. Em 2004, ele recebeu a Comenda do Kennedy Center por suas contribuições em vida à cultura americana e pela excelência através das artes performáticas.

Este livro – composto em Minion Pro no corpo 12/14,5 – foi impresso sobre papel Pólen Soft 80g/m² pela RR Donnelley, em Barueri – SP, Brasil.